यूनीकॉर्न
आर्ट बुक्स

लाइफ ड्राइंग

यूनीकॉर्न
आर्ट बुक्स

लाइफ ड्राइंग

एक व्यावहारिक और प्रेरणादायक अभ्यास पुस्तक

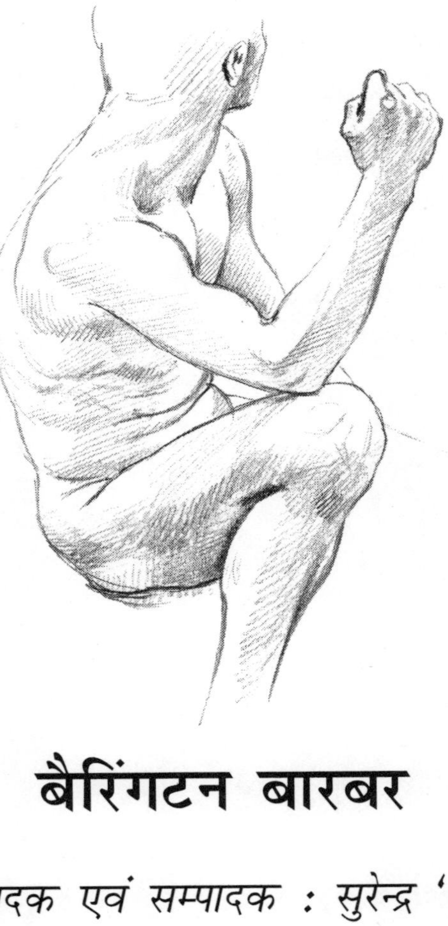

बैरिंगटन बारबर

अनुवादक एवं सम्पादक : सुरेन्द्र 'सुमन'

यूनीकॉर्न बुक्स

प्रकाशक
यूनीकॉर्न बुक्स
F-2/16, अंसारी रोड, दरियागंज, नई दिल्ली-110002
☎ 23275434, 23262683 • Fax: 011-23257790
E-mail: info@unicornbooks.in • *Website:* www.unicornbooks.in

शाखा : मुम्बई
23-25, जाओबा वाड़ी, ठाकुरद्वार, मुम्बई-400002
☎ 022-22010941, 022-22053387
E-mail: rapidex@bom5.vsnl.net.in

ISBN: 978-81-7806-367-6

संस्करण : 2015

मुद्रकः परम ऑफसेटर्स, ओखला, नई दिल्ली-110020

अनुक्रम

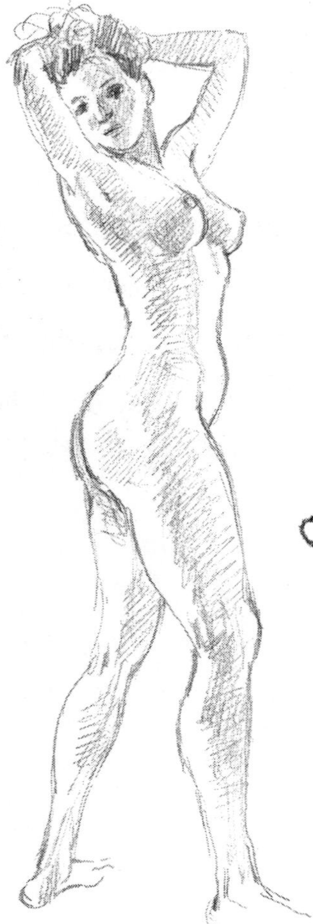

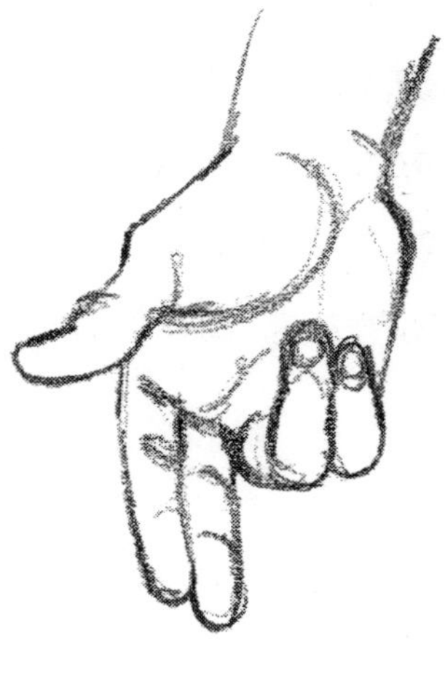

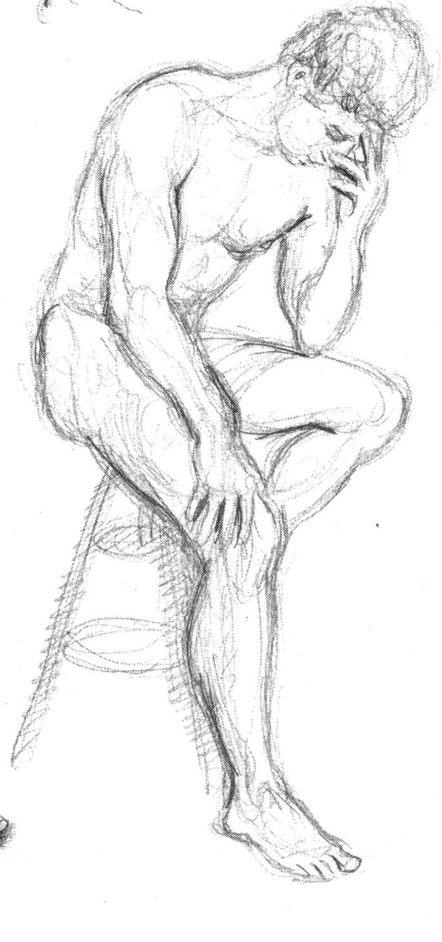

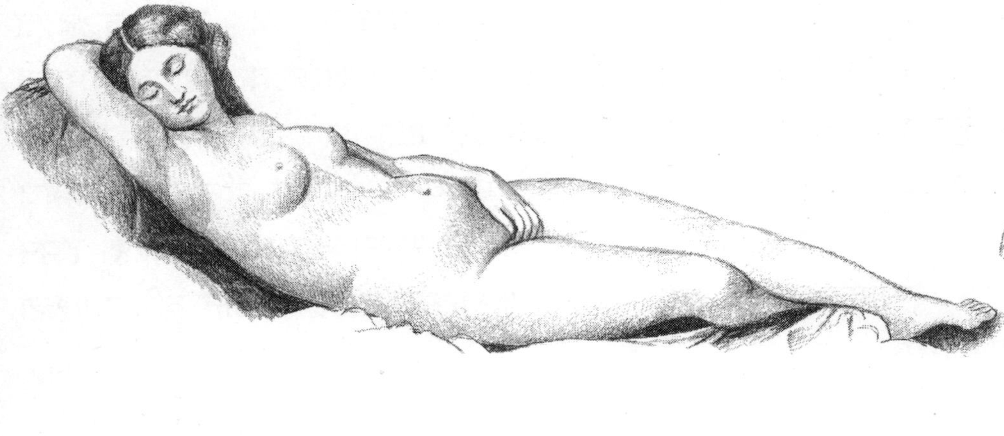

परिचय

मानव शरीर का चित्रण अत्यन्त कठिन पर मन को संतोष देने वाला होता है। और इसमें नई-नई संभावनाएं खोजने में कोई चित्रकार कभी नहीं थकता। फिर भी अगर आप इसे सीखना चाहते हैं तो आपको अपनी नजर बारीकी से प्रत्येक छोटी से छोटी शरीर की रचना पर रखनी होगी। और एक लंबा रास्ता आपको तय करना होगा। सबसे अच्छा तरीका तो यह है कि आप लोगों को सावधानी से देखना शुरू करें। वे कैसे चलते हैं, कैसे बैठते हैं, कैसे खड़े होते हैं और वे रोशनी और अलग कोणों से कैसे दिखते हैं।

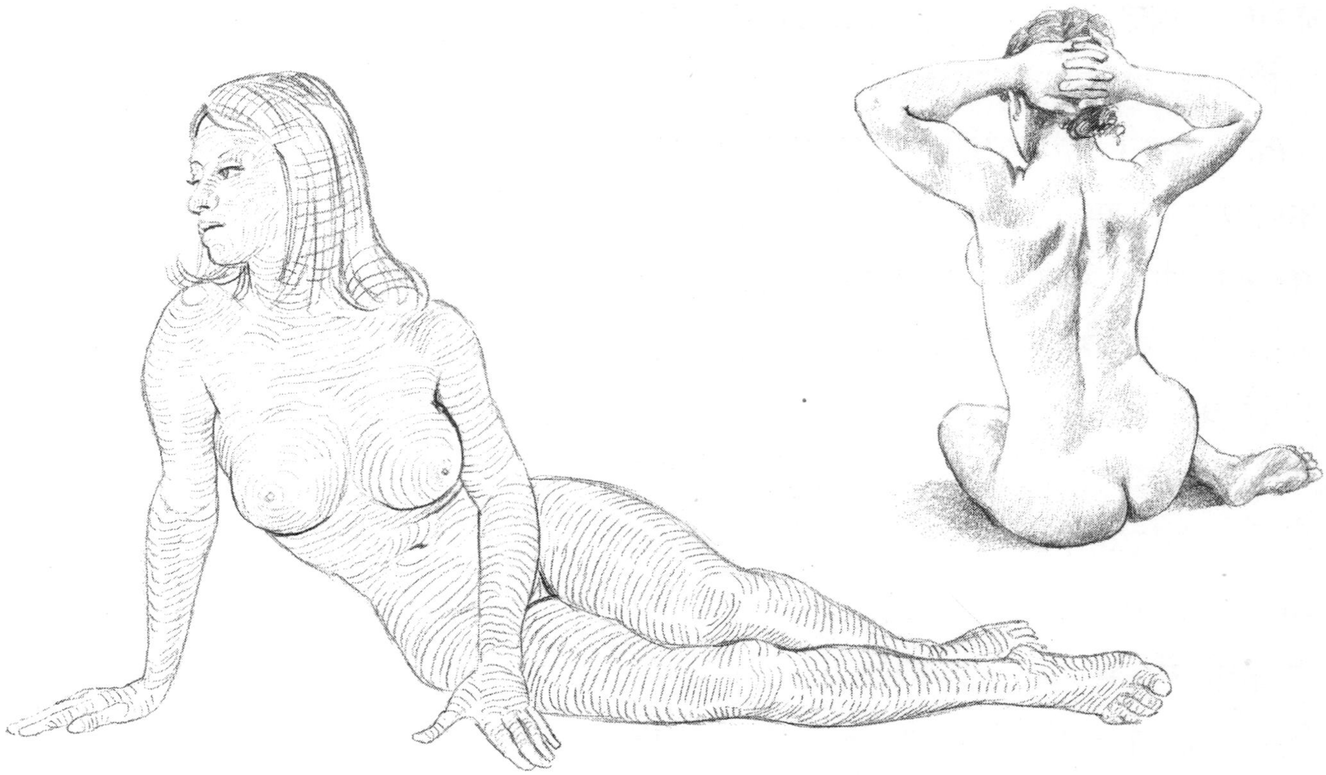

क्योंकि चित्रकार खुद एक मानव होता है इसलिए वह कई तरह की मानव देह की कल्पनाएं खुद ही सहज कर लेता है। इस कारण कागज पर पहली लकीर खींचने से पहले ही उसकी राह कठिन हो जाती है। मोटे तौर पर शरीर की हर बनावट का ज्ञान हमें होता ही है। निरीक्षण, एकाग्रता और अभ्यास से हम कागज पर मानव-शरीर का सफल रेखांकन कर सकते हैं। अलग-अलग चित्रकारों की कला के स्टाइल को देख कर आप सीख तो बहुत कुछ सकते हैं पर मानव शरीर की आपकी अपनी कल्पनाओं की अनन्तता का कोई ठिकाना नहीं है।

सामने बैठे मानव का अपनी पेन्सिल से कागज पर चित्र बनाना ही सबसे अच्छा तरीका है। हमने इस पुस्तक में आपको यही सिखाने की कोशिश की है।

मेटेरियल

सीधे लाइव-चित्रण करने के लिए आप किसी भी माध्यम का प्रयोग कर सकते हैं। इस पृष्ठ पर उनको दिखाया गया है। उनके नाम बताए गए हैं। नीचे दी गई वस्तुओं में, आवश्यक नहीं आप सारी ही खरीदें। आप इनका प्रयोग धीरे-धीरे कर सकते हैं। जैसे जैसे आपका अभ्यास बढ़े आप इन सबका प्रयोग कर सकते हैं। चित्र बनाने के लिए आप अच्छी क्वालिटी के पेपर का ही प्रयोग करें, जो न बहुत मोटा और न बहुत पतला।

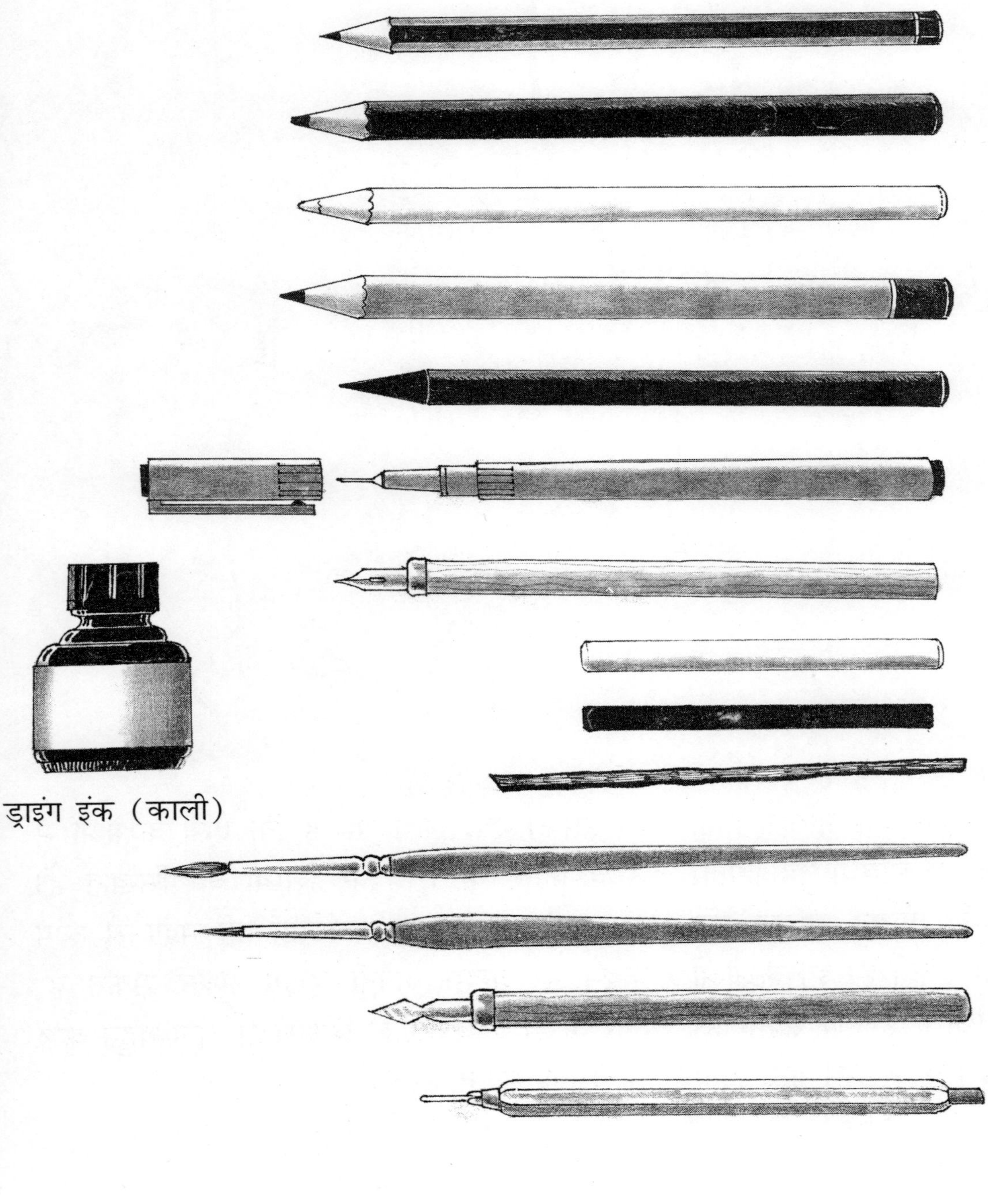

पेन्सिल
HB, B, 2B, 4B, 6B.

चारकोल पेन्सिल

सफेद कार्बन पेन्सिल

ग्रेफाइट पेन्सिल

बारीक रेखा लगाने वाला पेन

बारीक निब वाला पैन

सफेद चाक

कोन्टेस्टिक

चारकोल की लकड़ी

ड्राइंग इंक (काली)

5 नम्बर का सेबल ब्रश

2 नम्बर का सेबल ब्रश

स्क्रैपर बोर्ड औजार

क्लच पेन्सिल बारीक
सिक्के वाली

जीवित (Live) रेखांकन कक्षाएं

मानव शरीर बड़ा विलक्षण और कठिन है। आप सामने बैठे नग्न मॉडल को देखकर इसका चित्रण सही तरीके से कर जितना कुछ सीख सकते हैं, उतना आप किसी फोटो से इसकी ड्राइंग बना कर नहीं।

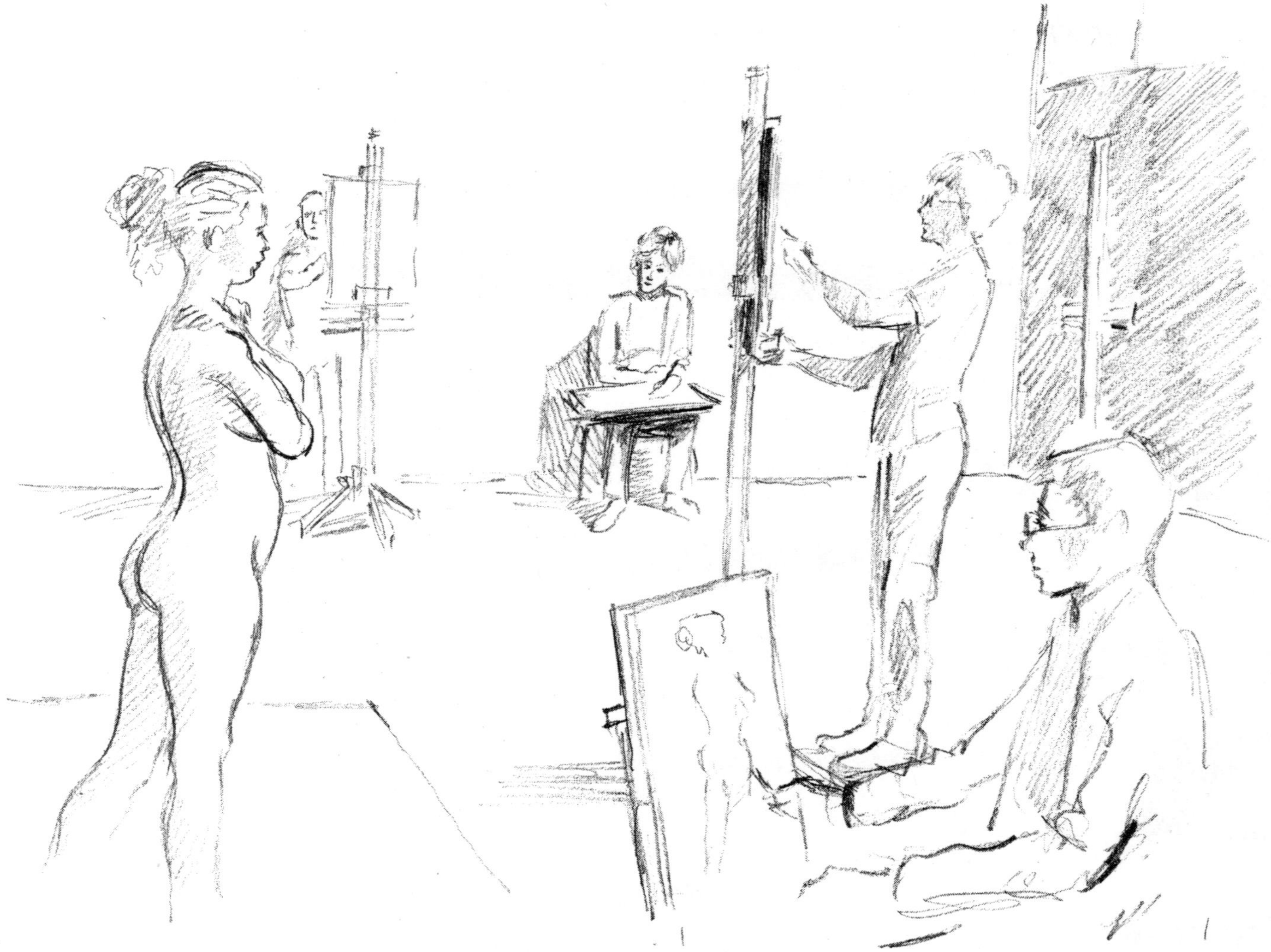

आर्ट-कॉलेजों में नग्न मॉडल की सुविधा होती है। प्राइवेट आर्ट-स्कूलों में यह सुविधा नहीं होती। कुछ व्यावसायिक आर्टिस्ट जीवित मॉडल का रेखांकन करने कहीं भी जा सकते हैं। इन कक्षाओं में 18 वर्ष से ऊपर के विद्यार्थी ही जा सकते हैं। क्योंकि वहां नग्न स्त्री मॉडल के रूप में बैठी होती है। इसका एक लाभ यह है कि ऐसी कक्षाओं में उच्च कोटि के चित्रकार शिष्यों को सिखाते हैं। इस तरह इन शिक्षक-आर्टिस्टों की मदद से आप कदम दर कदम अपनी ड्राइंग सुधार सकते हैं, और अच्छे आर्टिस्टों के शिक्षण से आप बहुत कुछ सीख भी सकते हैं।

ईजल (Easel) और ड्राइंग बोर्ड पर काम करना।

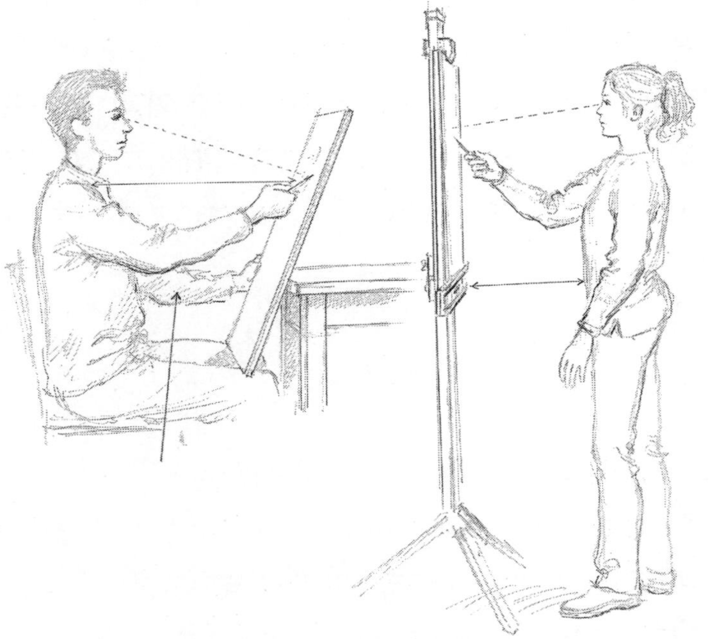

अगर आपके पास ईजल नहीं है और आप ड्राइंग बोर्ड अपनी जांघों पर रख कर चित्रांकन कर रहे हैं तो पेन्सिल को आपके कन्धे की ऊंचाई तक होना चाहिए। और चित्रित विषय आपकी दृष्टि को साफ दिखना चाहिए। आपके और ड्राइंगबोर्ड के बीच अन्तर होना चाहिए, ताकि आपके हाथ और कलाई सुगमता से बोर्ड पर चल सकें। पेन्सिल पर अपनी पकड़ ढीली रखें तथा थोड़ा बहुत इधर-उधर होने से घबराएं नहीं।

कागज का प्रयोग

कोशिश कीजिए कि आप बड़े कागज पर रेखांकन करें। बड़े कागज पर चित्र सुधारना आसान होता है। धीरे-धीरे अपनी ड्राइंग का आकार बढ़ाते रहें, जब तक कि आप A-2 पेपर पर ड्राइंग बनाने के योग्य न हो जाएं। आपको अपने ड्राइंगबोर्ड पर A-2 कागज को लगाना होगा। इसे पेपर क्लिप या ड्राइंग पिन से जड़ दें।

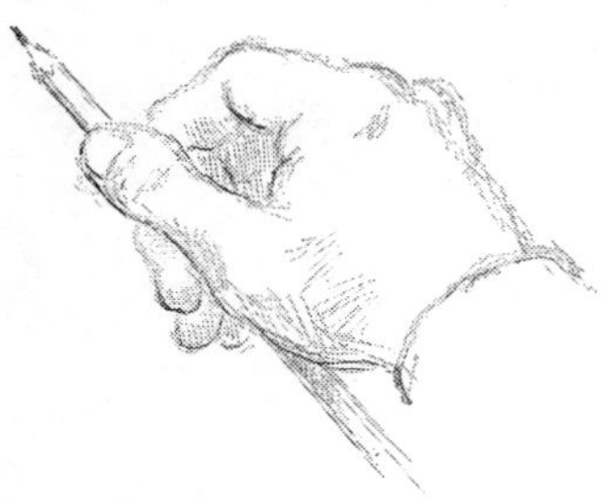

पेन्सिल कैसे पकड़े

आपकी आदत पेन्सिल को पैन की तरह पकड़ने की होती है। कोशिश कीजिए आप पेन्सिल को ब्रश या स्टिक की तरह पकड़े। पकड़ आसान या ढीली रखें। आप पेन्सिल को कागज पर अच्छी तरह चला सकेंगे। हाथ और कलाई पर जोर भी नहीं पड़ेगा।

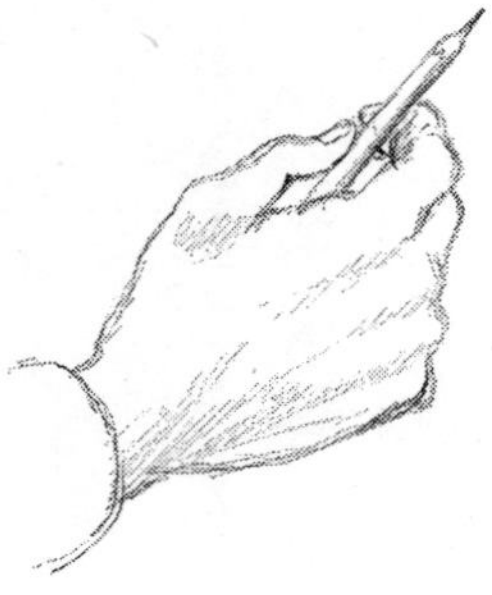

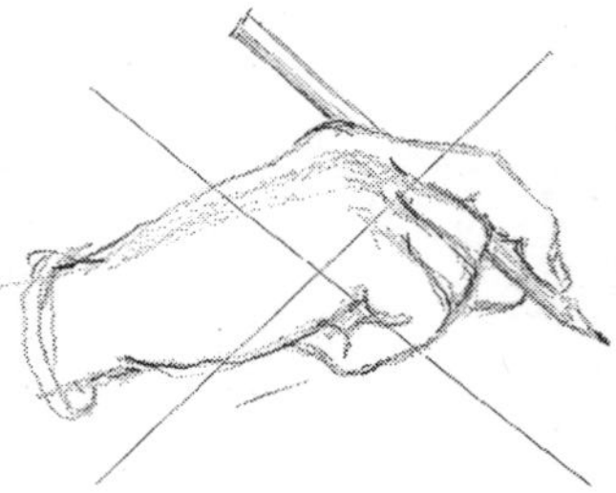

पूरी मानव देह का चित्रांकन

जैसा कि हमने देखा कि पूरी मानव-देह का चित्रण उन कक्षाओं में हुआ जहां नग्न जीवित मॉडल मौजूद था। साधारणतः कहा जा सकता है कि आप अपने मित्रों और सम्बन्धियों को वस्त्रों सहित अपना मॉडल बनने को राजी कर सकते हैं। इस तरह आपको मानव शरीर का अध्ययन करने का अवसर मिल जाता है। पर मानव शरीर की मांस पेशियों का स्वाभाविक अध्ययन तो उसी कक्षा में हो सकता है जिसमें कोई नग्न मॉडल आपके सामने हो।

एक खड़े व्यक्ति का रेखांकन आसान होता हैं। पर आपको माडॅल को कई कोणों से चित्रित करना सीखना चाहिए। जैसे मॉडल के बैठने, झुकने आदि का रेखांकन जिसमें हाथ पांव और शरीर मुड़ा हो और भिन्न मुद्राओं में दिखता हो।

ज्यादा अच्छा है कि मॉडल एक घूमने वाली कुर्सी पर बैठा हो। ताकि आप एक ही मुद्रा को भिन्न-भिन्न कोणों से देख सकें।

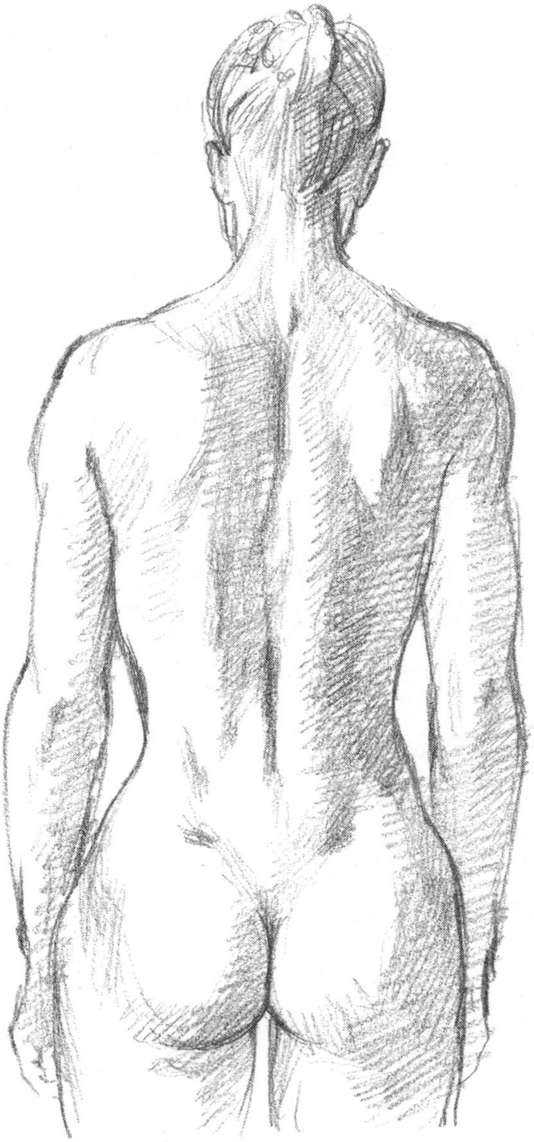

पूरे शरीर का चित्रण

आपको मानव शरीर के धड़ (Torso) के आगे और पीछे का अध्ययन सावधानी से करना होगा क्योंकि दोनों तरफ की मांसपेशियों भिन्न होती हैं। भिन्न-भिन्न कोणों से इनकी ड्राइंग बनानी चाहिए।

इस तरह आप पाएंगे कि मानव शरीर के बारे में आपकी धारणाओं और विचारों में अन्तर आता चला जा रहा है। आपके दिमाग में मानव को खड़े होने की मुद्रा होगी। पर मानव शरीर कई कोणों से और भी सुन्दर और अलग लग सकता है।

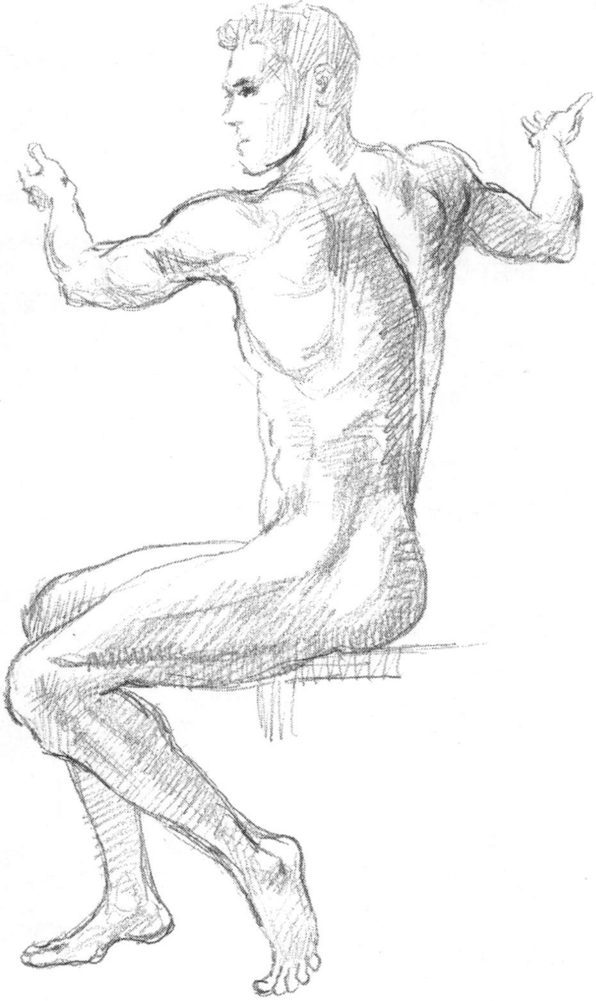

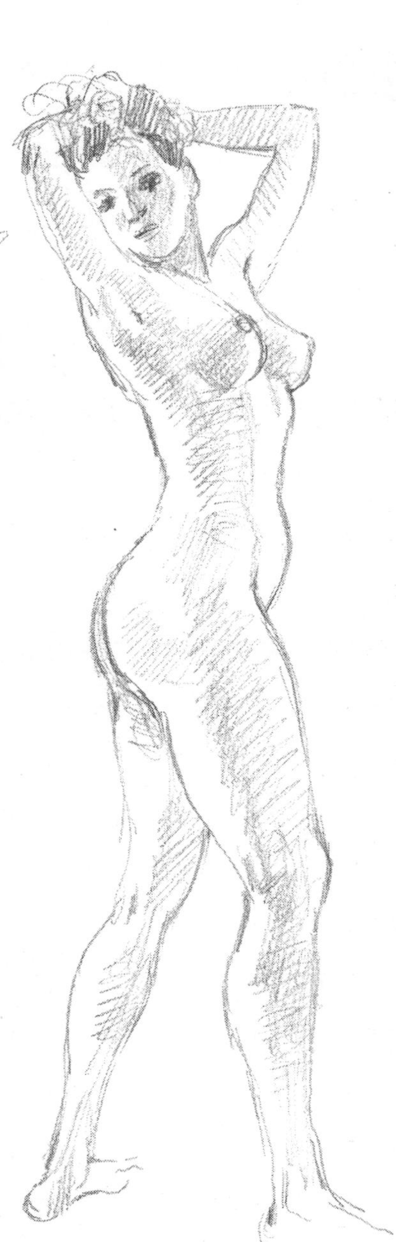

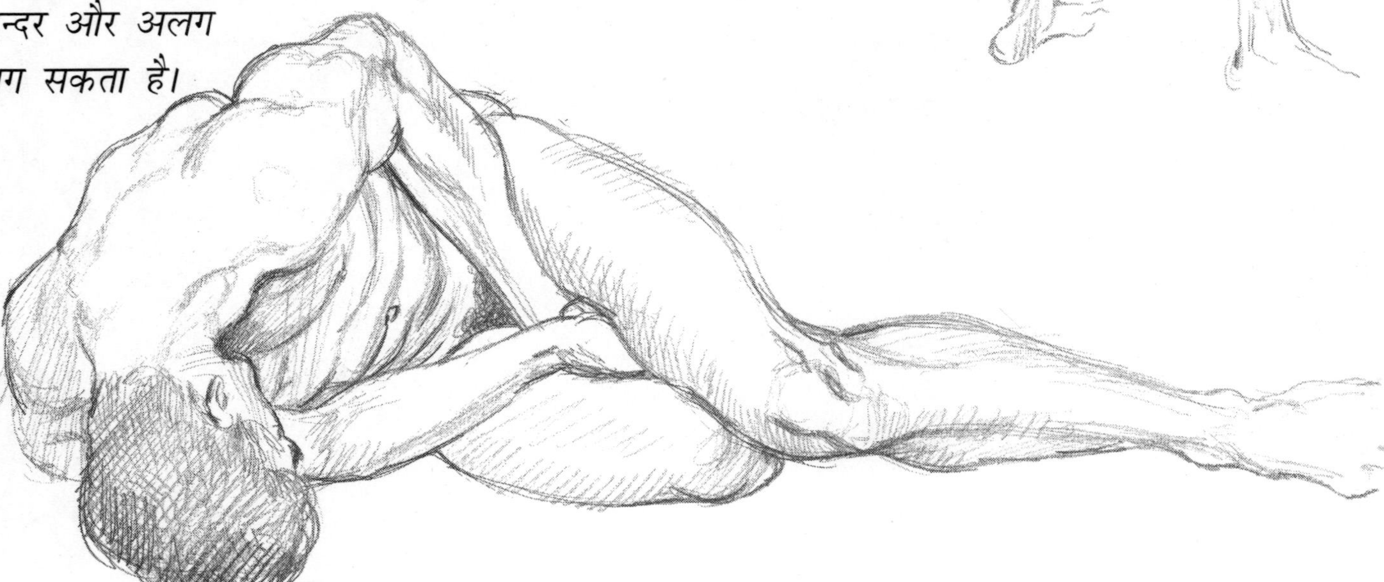

शरीर के अनुपात

मानव शरीर के अनुपात की जानकारी आपकी ड्राइंग को ज्यादा स्वाभाविक बना देगी। इन पृष्ठों के चित्रों में हम मानव शरीर के 4 विभिन्न रूपों में देख रहे हैं जो खड़ी मुद्रा में है।

शरीर का आगे और साइड का भाग

अगर आप सिर को अनुपात की एक इकाई मानें तो पूरे शरीर की लंबाई सिर के 7½ बार के नाप के बराबर होगी। यह अनुपात पुरुष और स्त्री दोनों में समान है। मनुष्य की छाती के निपल तक 2, पावों के ऊपरी भाग तक 4, बाहों की उंगलियों तक लंबाई 4½, घुटनों तक 5½ युनिट होती है। पुरुष की छाती चौड़ी होती है। स्त्रियों के कूल्हे चौड़े होते हैं।

अनुपात आपके लिए गाइड का काम करते हैं। जब भी आप मानव शरीर की ड्राइंग बना रहे हो। तो मानव शरीर का सूक्ष्म निरीक्षण अति आवश्यक है।

कई आदमी मोटे होते हैं कई पतले। स्त्री शरीर में पुरुषों की तुलना में गोलाइयां अधिक होती हैं।

बच्चों के शरीर के अनुपात उनकी आयु के अनुसार बदलते रहते हैं।

ऊपर लिखे अनुपात जवान स्त्री और पुरुष के हैं जो सिर की इकाई को 1 मानकर पूरे शरीर को उसका 7½ गुना माना गया है।

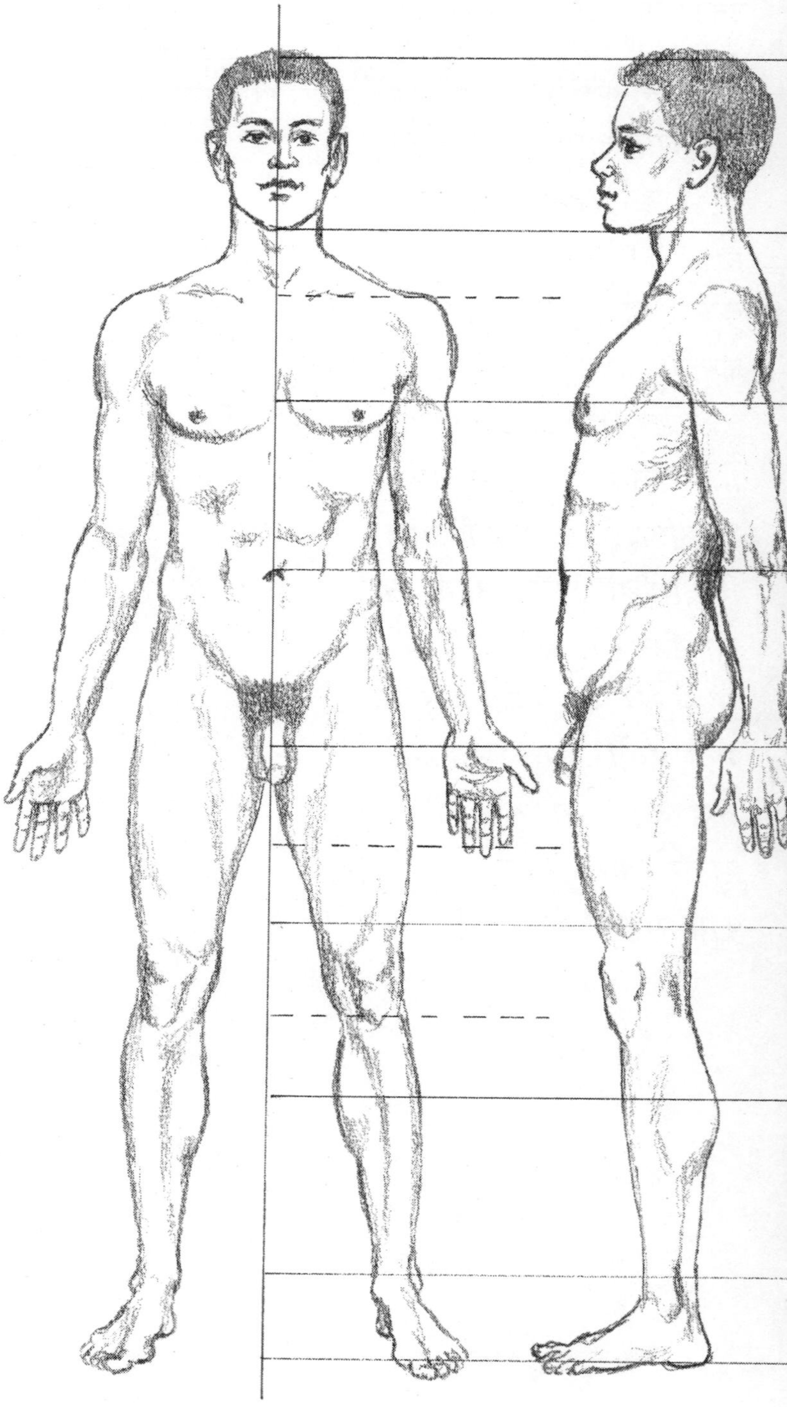

पुरुष

शरीर के अनुपात

पुरुष और स्त्री : इनके शरीर का अनुपात बराबर होता है। भले ही उनका कद छोटा या बड़ा हो।

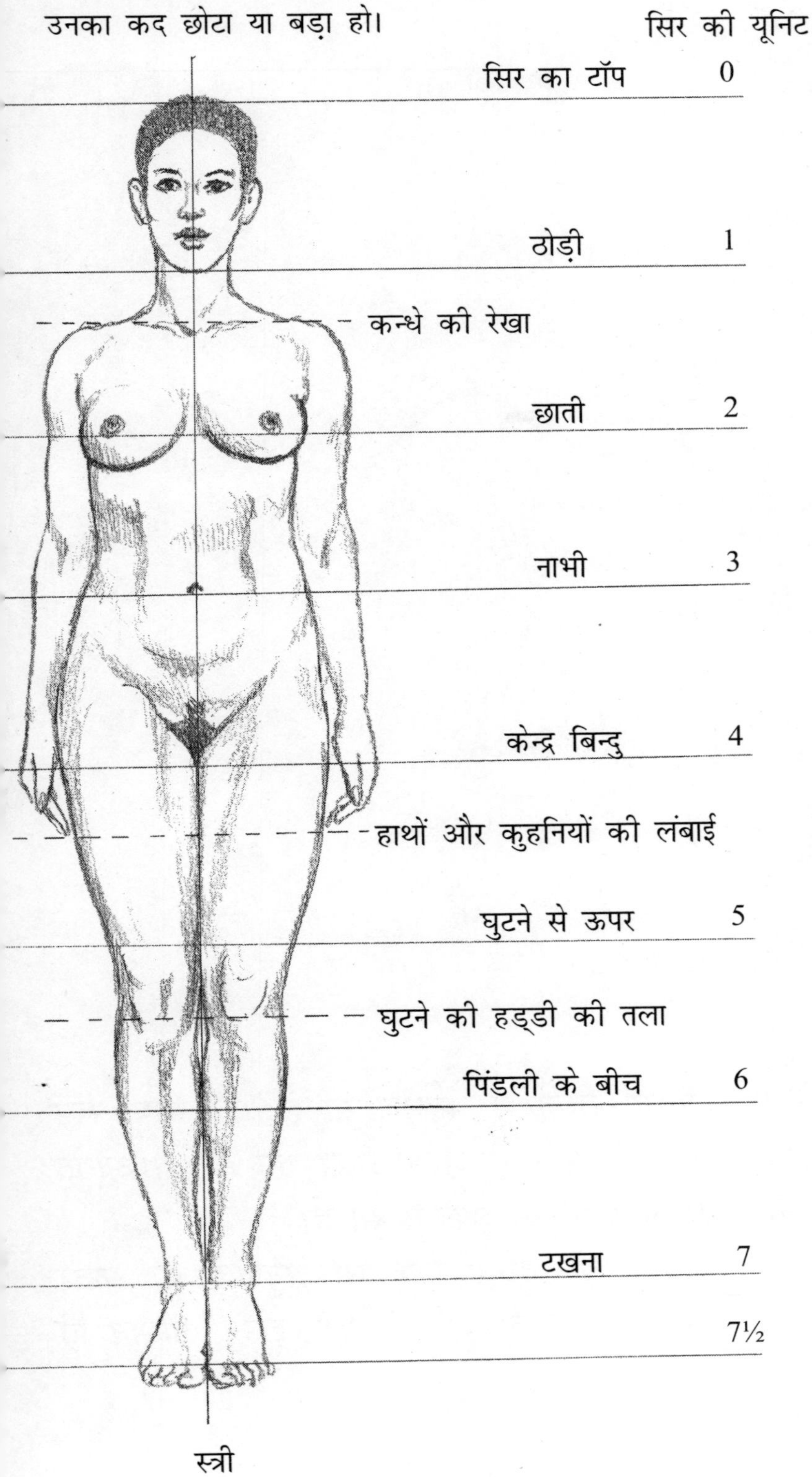

स्त्री

एक बच्चे का सिर उसके शरीर के अनुपात में बड़ा होता है। एक साल के बच्चे का अनुपात 1: 3 होता है, जैसे जैसे बच्चे बड़े होते हैं उनका अनुपात जवान व्यक्ति के अनुपात के निकट आता जाता है। 9 से 10 वर्ष के बालक का लगभग अनुपात 1: 6 होगा।

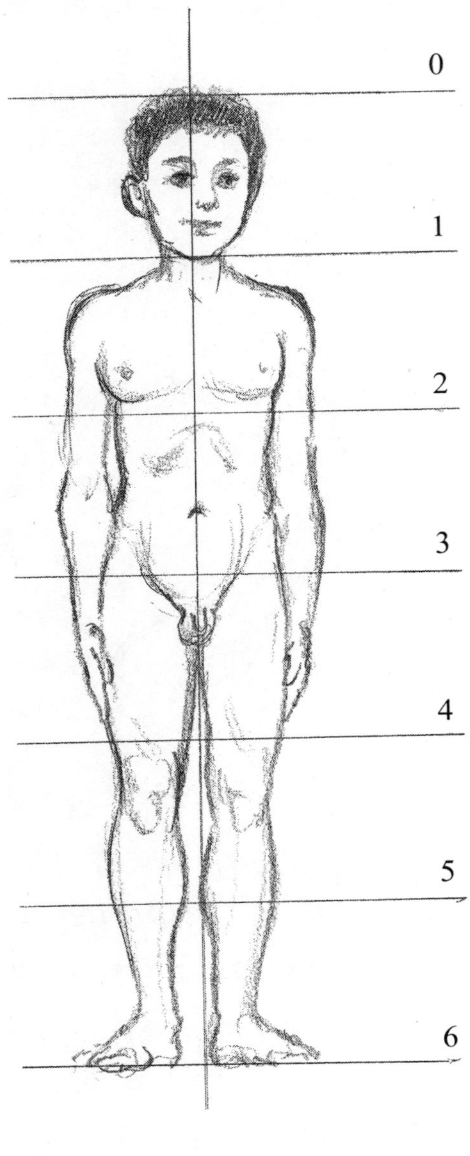

बालक

बेढ़ंगे अनुपात

जब आपका मॉडल एक विशेष कोण में बैठा हो और उसके शरीर के कुछ भाग आपको छोटे और कुछ बड़े दिखाई दें जो कि दृष्टि की स्वाभाविक प्रक्रिया है तो उसका चित्रण करने में अनुपात का महत्व बहुत बढ़ जाता है।

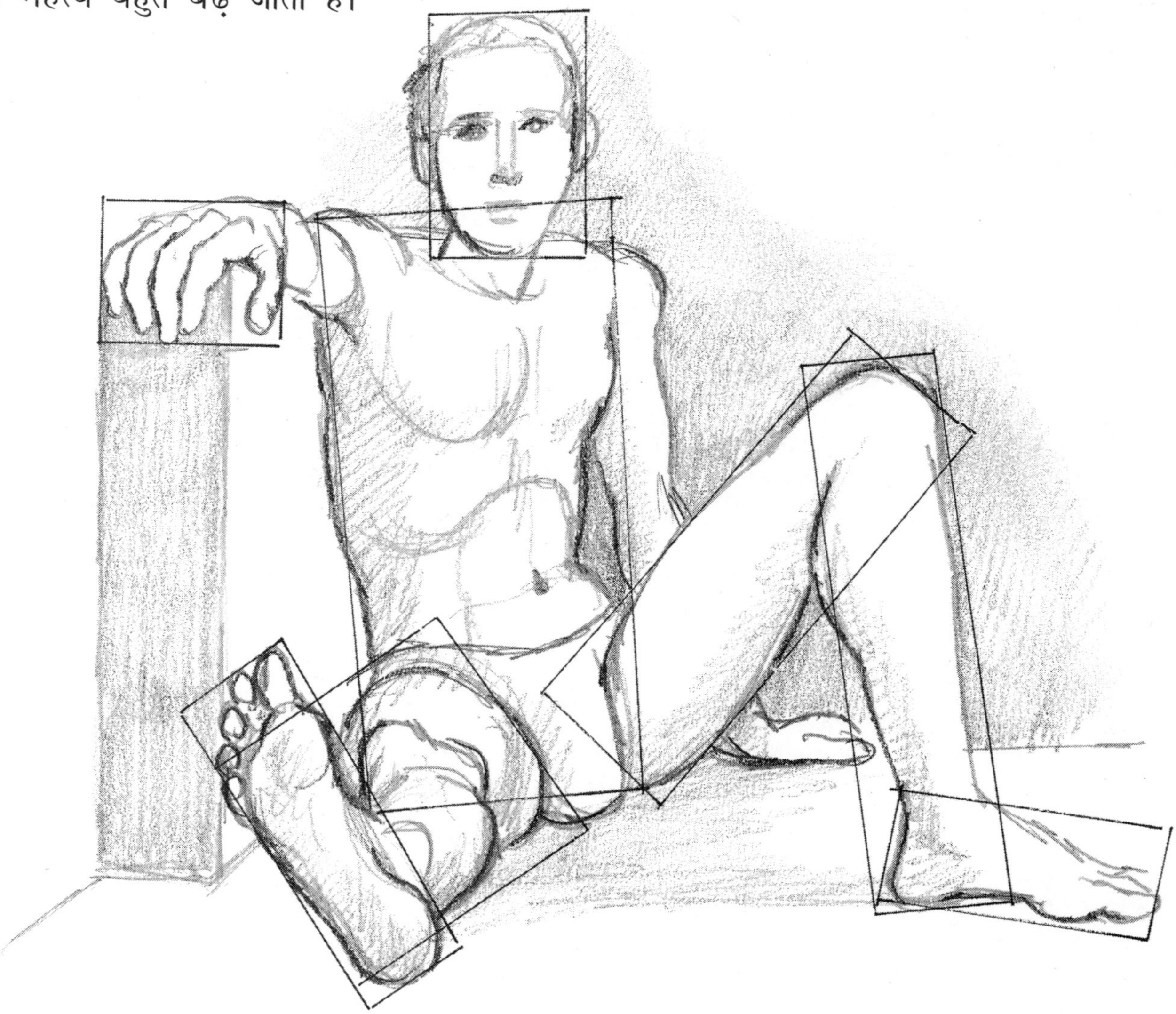

ऊपर के चित्र में आप देख रहे है कि मॉडल का दायां पांव और दायां हाथ आपकी तरफ है। जबकि बायां हाथ और पांव दूसरी मुद्रा में है। परिणामत: जो स्थान दाएं और बाएं हाथ पावों ने घेरा हुआ था, वह भिन्न है। दोनों का अनुपात भी अलग लगता है। दायां हाथ कन्धे से सटा है पर इसकी लंबाई बाएं जितनी नहीं लग रही। दायां पांव लगभग समकोण चतुर्भुज सा है और स्पष्ट रूप से बाएं पांव से अलग दिख रहा है। जो आयत (Rectangle) के आकार सा है।

एक बार अगर आप ऐसे अनुपातों का अन्तर समझ जाएंगे तो आपकी पूरी ड्राइंग आसान हो जाएगी।

बेढ़ंगे शरीरों का अनुपात

लोगों के शरीर आकार प्रकार में भिन्न होते हैं। इसलिए आपको सभी तरह के शरीरों का अध्ययन करना चाहिए। इस चित्र में जो उदाहरण हैं उनका अनुपात वही है 1: 7½, पर ऐसा ऊपर से नीचे की लम्बाई में है। चौड़ाई में ऐसा नहीं है। अगर नौसिखिए कला के विद्यार्थी निश्चित मान दंड 1: 7½ का पालन करेंगे तो वे इनकी ड्राइंग बनाने में घालमेल कर देंगे।

वो मोटे व्यक्ति को पतला बना देंगे और पतले व्यक्ति को मोटा चित्रित कर देंगे। यह गल्ती उनसे इस कारण होगी कि वे 1: 7½ के अनुपात से चित्रांकन कर रहे हैं अनुपात (1 : 7½) खड़े व्यक्ति पर सटीक है। पर व्यक्ति मोटा या पतला है तो उसकी शरीर रचना चर्बी की पर्तें देखकर ही बनानी होंगी, और अनुपात का ध्यान रखना होगा।

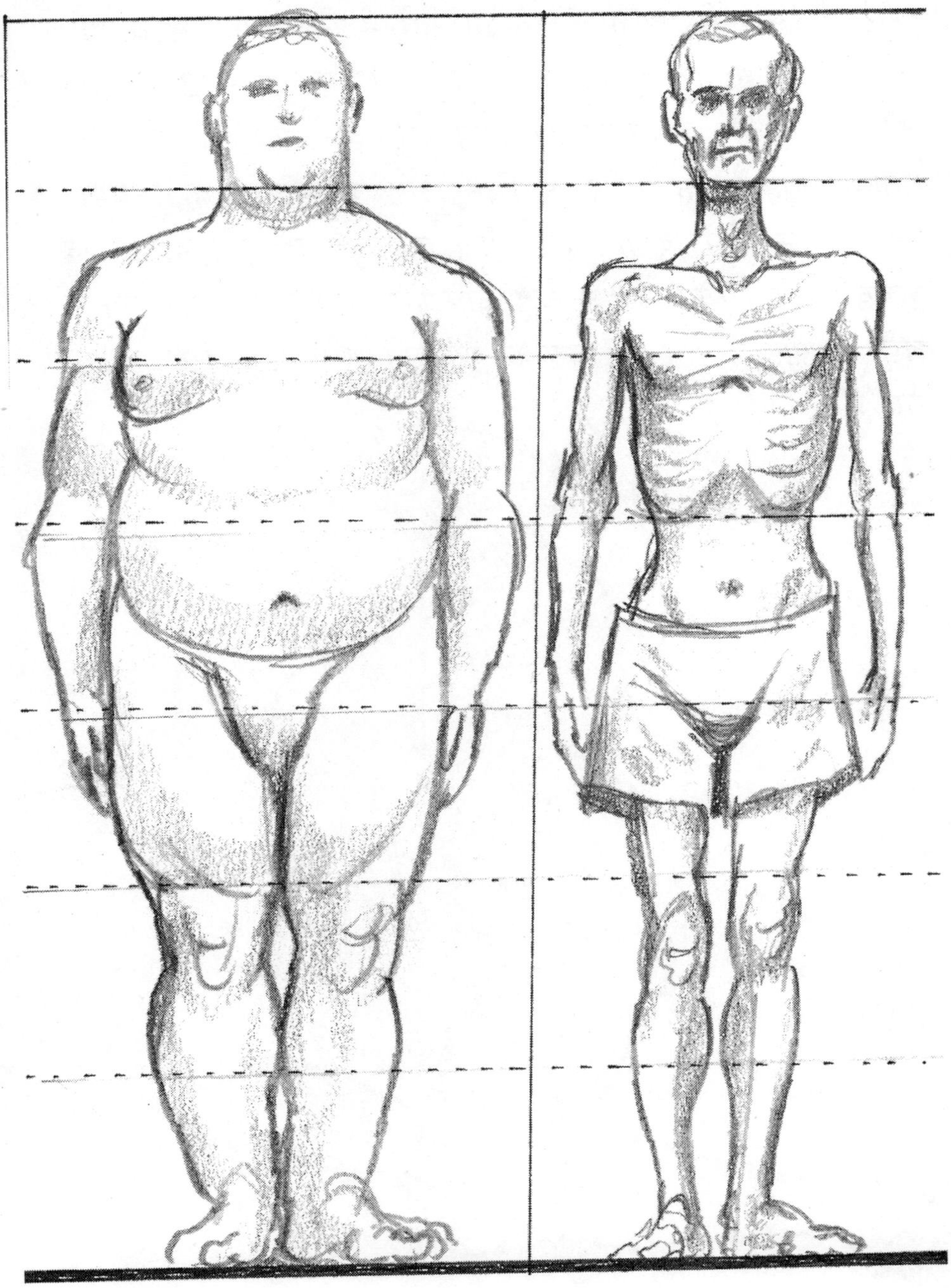

पर्सपैक्टिव में मानव शरीर

कभी-कभी आपका मॉडल ऐसे कोण में (जैसे लेटे हुए) हो जब आपको उसका सिर या पांव आपके दृष्टि-पथ से पीछे की ओर हटा दिखाई दे रहा हो (देखे चित्र) तब शरीर के शास्त्रीय अनुपात *(1 : 7½)* वैसे दिखाई नहीं देंगे जिन्हें तुम जानते हो। तब आपको विश्लेषण करना होगा कि वास्तव में वे कैसे दिखाई दे रहे हैं।

इन दो चित्रों में एक मॉडल का पांव आपकी तरफ हैं और दूसरे में सिर। ग्रिड आपको दिखा रही है कि शरीर के अनुपातों को क्या हो गया? दोनों चित्र लुशियन फियूड (1922-2011) की पेन्टिंगों पर आधारित है। इनमें ग्राफिक तरीके से यह बताया गया है कि शरीर के भिन्न अंग पर्सपैक्टिव के नियमों के अनुसार कैसे दिखाई देंगे। नीचे के चित्र में आप देखिए कि लड़की की जंघाएं उसके धड़ और सिर की तुलना में काफी बड़ी दिखाई दे रही हैं। जबकि दूर होते भाग धड़, सिर छोटे होते गए हैं।

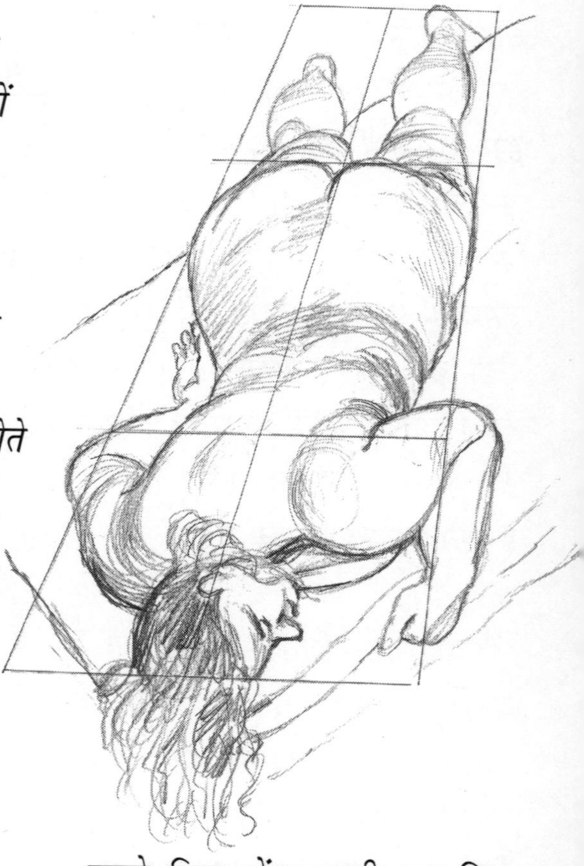

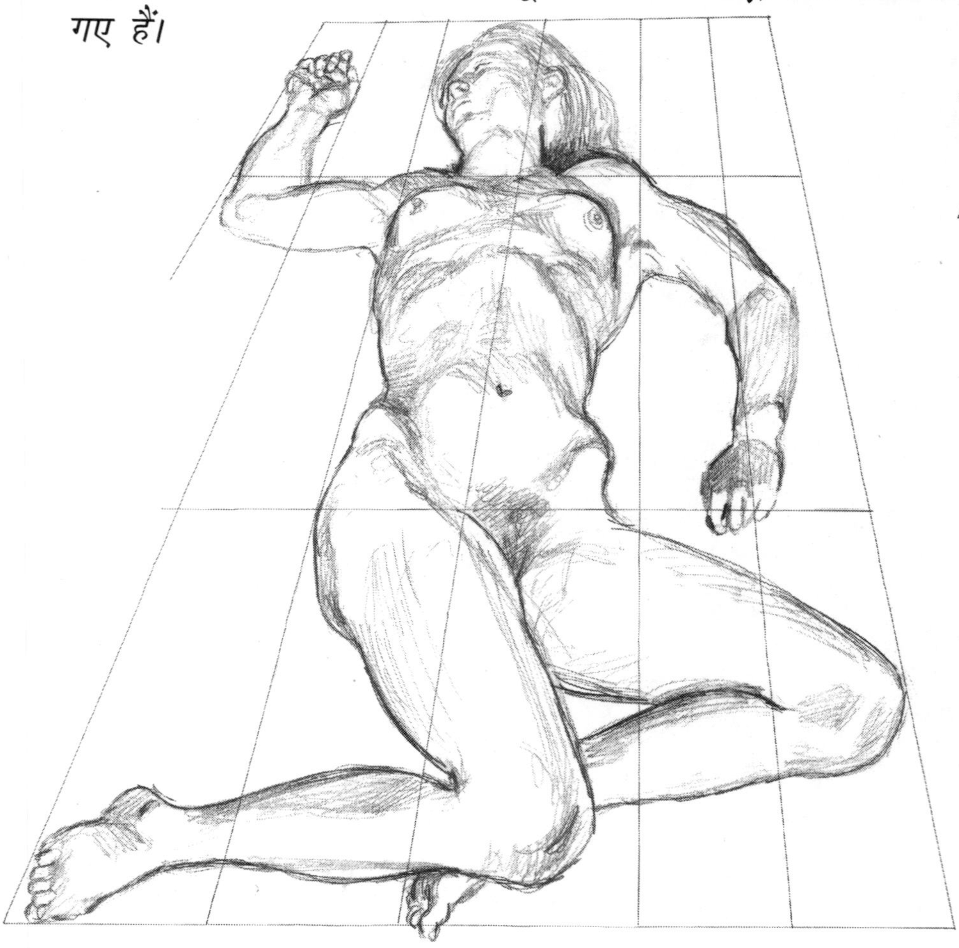

दूसरे चित्र में लड़की का सिर और कन्धे बड़े दिखाई दे रहे हैं। बाकी का शरीर पर्सपैक्टिव के नियमों का पालन करते हुए छोटा होता गया है। छोटी होती चौड़ाई पर्सपैक्टिव के नियमों के महत्व को दर्शाती है।

अनुपात में शरीर

जब शरीर पर्सपैक्टिव में होता है तो हमें निकट का भाग (दृष्टि से) बड़ा दिखाई देगा और दूर का छोटा। उस समय शरीर के वास्तविक आकार व्यर्थ हो जाते हैं। तब चित्र की ड्राइंग पर्सपैक्टिव के अनुसार होती है।

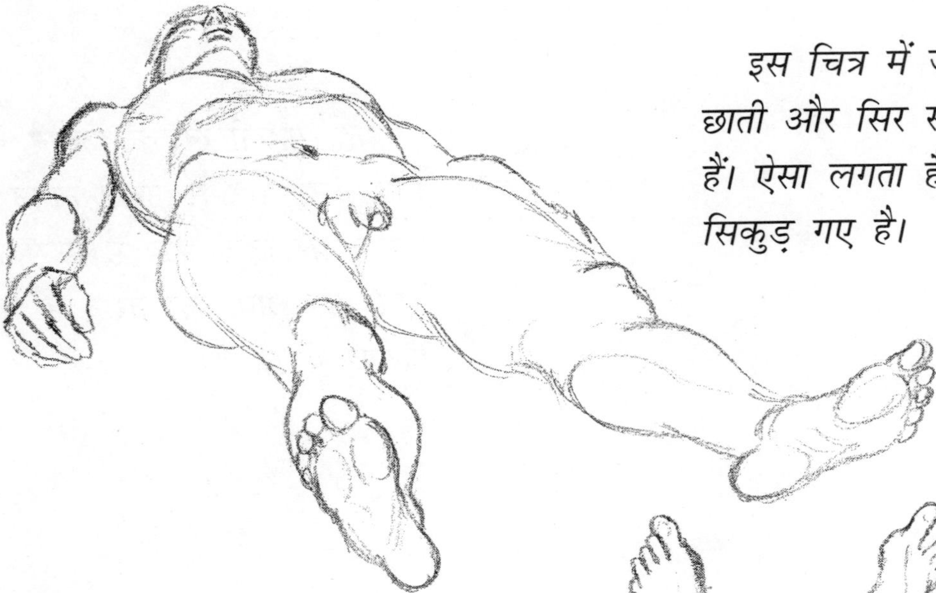

इस चित्र में जंघाए और पांव के पंजे छाती और सिर से बड़े दिखाई दे रहे हैं। ऐसा लगता है कि सिर और छाती सिकुड़ गए है।

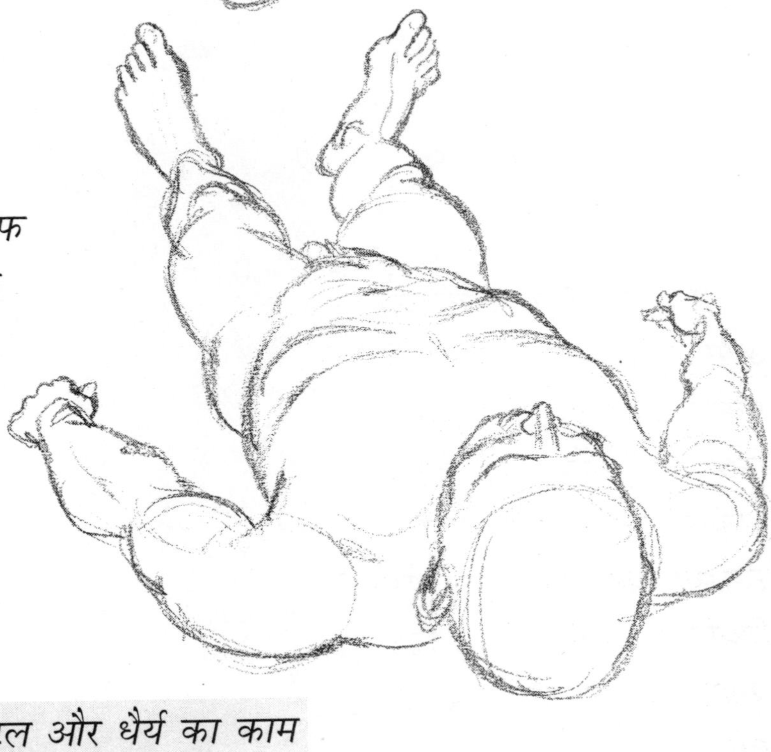

इसी स्थिति को आप दूसरी तरफ से देखें अब उल्टा हो गया है पांव और जंघाएं कन्धों और छाती की तुलना में छोटे हो गए हैं।

मानव शरीर के सभी कोणों का रेखांकन जटिल और धैर्य का काम है। जब तक कि सप्ताह में एक दिन इसका अभ्यास न करें तब तक आप यह आशा न करें कि आपके काम में सुधार आएगा।

संकरे होते आकार

इस पृष्ठ पर आप देख रहे हैं कि एक चित्र में लड़की बैठी है और दूसरे चित्र में लेटी है। इनमें शरीर के कुछ भाग छोटे हो गए लगते हैं। यहां आपको खुद सोचना पड़ेगा कि इनका अनुपात लड़कियों के खड़ी स्थिति के अनुपात के मुकाबले कितना बदल गया है।

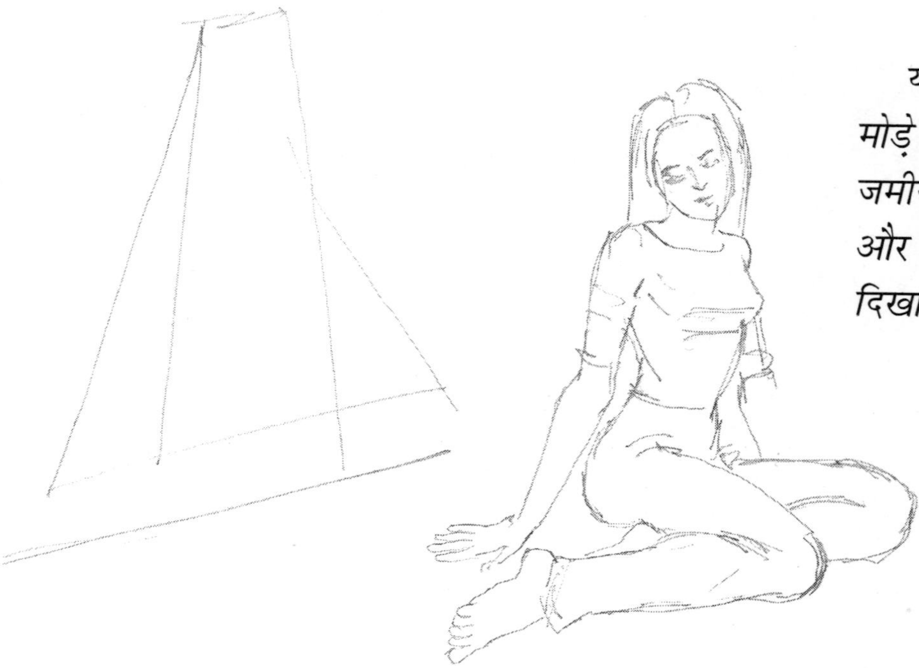

यहां पहली लड़की अपने पैरों को मोड़े बैठी है और उसने अपने हाथ जमीन पर टिका रखे हैं। उसके घुटने और पांव आगे की तरफ हैं और बड़े दिखाई दे रहे हैं।

साथ के चित्र में लड़की अपने घुटनों को मोड़कर पकड़े हुए है। आर्टिस्ट के लिए पांवों और हाथों का अनुपात निश्चित करने में समस्या खड़ी करता है। ऐसी स्थिति में आप वहीं ड्राइंग बनाए जो आपकी आंख देख रही है।

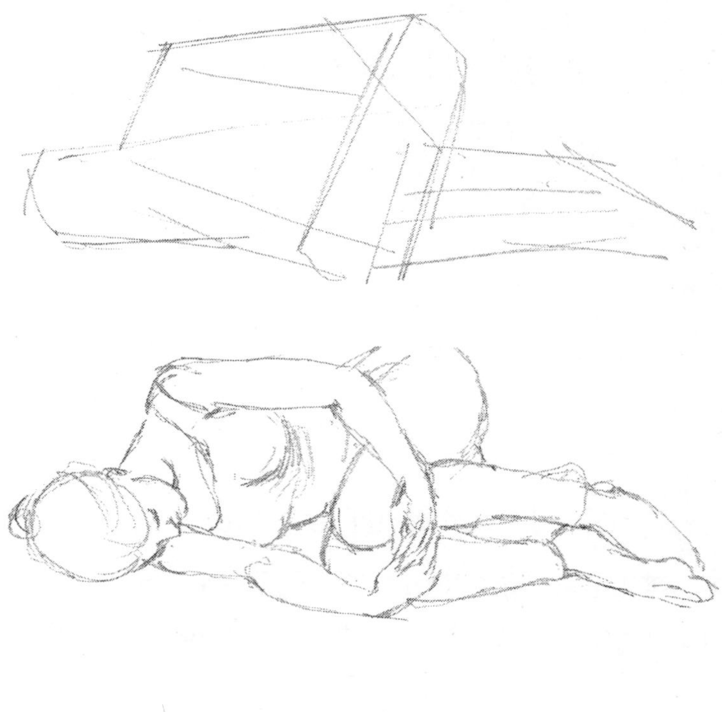

अनुपात में शरीर

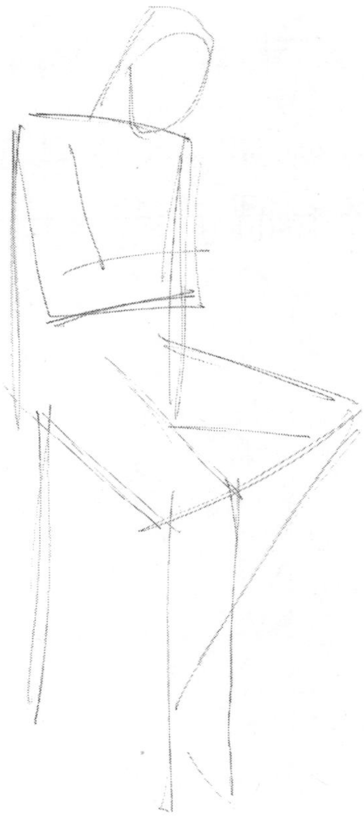
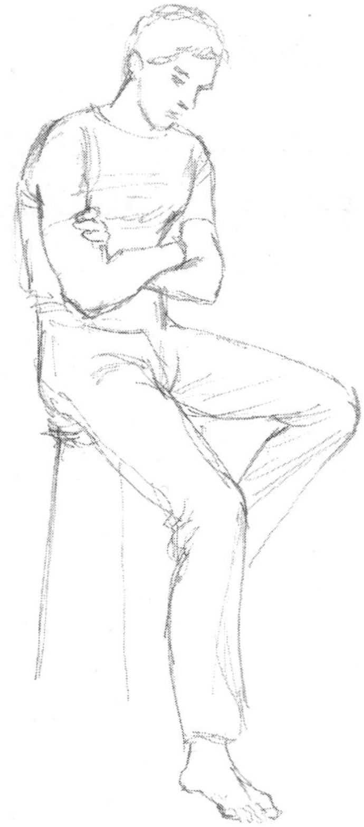

अन्त में हम तीन पुरुष चित्रों को लेंगे जिसमें मॉडल के अंगों को वैसा ही चित्रित करना होता है जैसे कि वे दिखाई दे रहे हों। उनके पर्सपैक्टिव में होने से अनुपात का बेढ़ंगापन आपकी ड्राइंग के आड़े नहीं आएगा। जब आप अपने मित्रों की लाइव ड्राइंग बना रहे हों तो आप उन्हें पैरों को आगे या पीछे करने को कहे, जिससे आपको चित्र पर्सपैक्टिव में बनाने का अभ्यास हो जाएगा।

पहले चित्र में एक व्यक्ति स्टूल पर बैठा है। पावों तक तो व्यक्ति की ड्राइंग साधारण बनेगी। समस्या उसके मुड़े हाथों से हैं। जिन्हें बनाने में समस्या आएगी।

जो व्यक्ति कोहनी घुटनों पर टिकाए बैठा है, उसके हाथ और पांव दोनों की समस्या है। अगर आप इस कोण से व्यक्ति का चित्र बना रहे हैं तो इसका बारीकी से अध्ययन करें। ऐसा चित्र तब लाभदायक है जब आप जीवित मॉडल से ड्राइंग बना रहे हो। नहीं तो आप फोटो से भी काम चला सकते हैं।

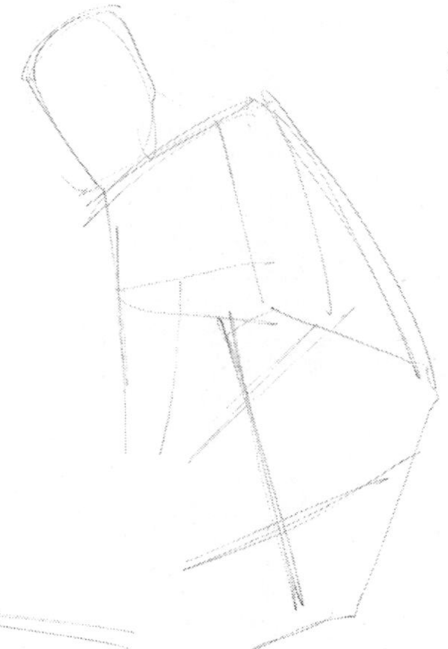
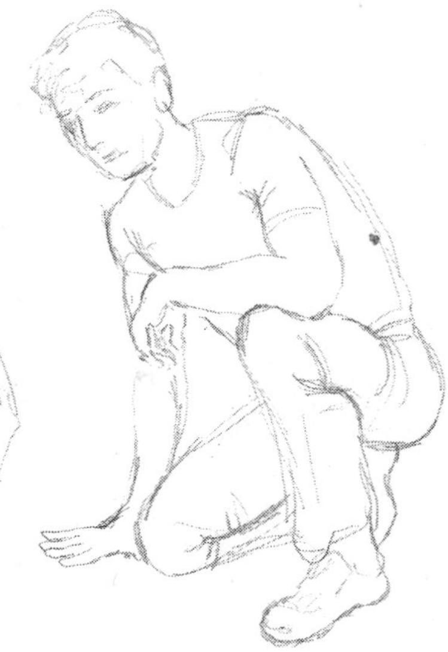

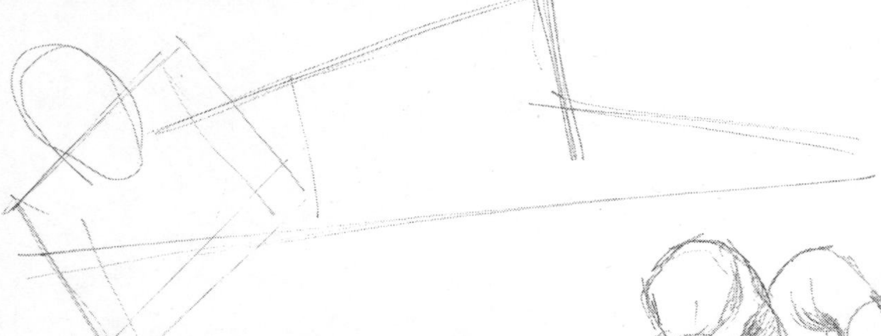
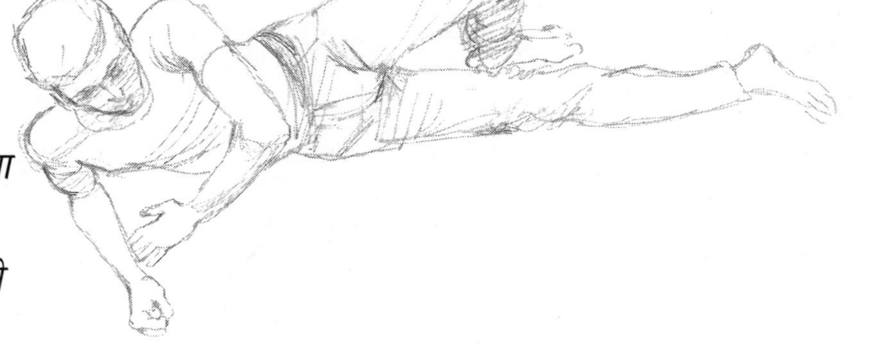

लेटा हुआ आदमी ऊपर से दिखाया गया है। उसका एक हाथ जिस पर अपना वजन टिका रखा है, वह लगभग आधा छुप गया है। इसी तरह मुड़ा हुआ पैर भी लगभग छुप गया है।

आकार (Figure) बनाने की प्रारंभिक अवस्थाएं

जब आप किसी जीवित मॉडल का चित्र बना रहे हों तो उसका सरलीकण कर दें। प्रारम्भ में शरीर के बड़े भागों को चित्र में बना लें। इन बड़े-बड़े हिस्सों में डिटेल बाद में भी भरे जा सकते हैं।

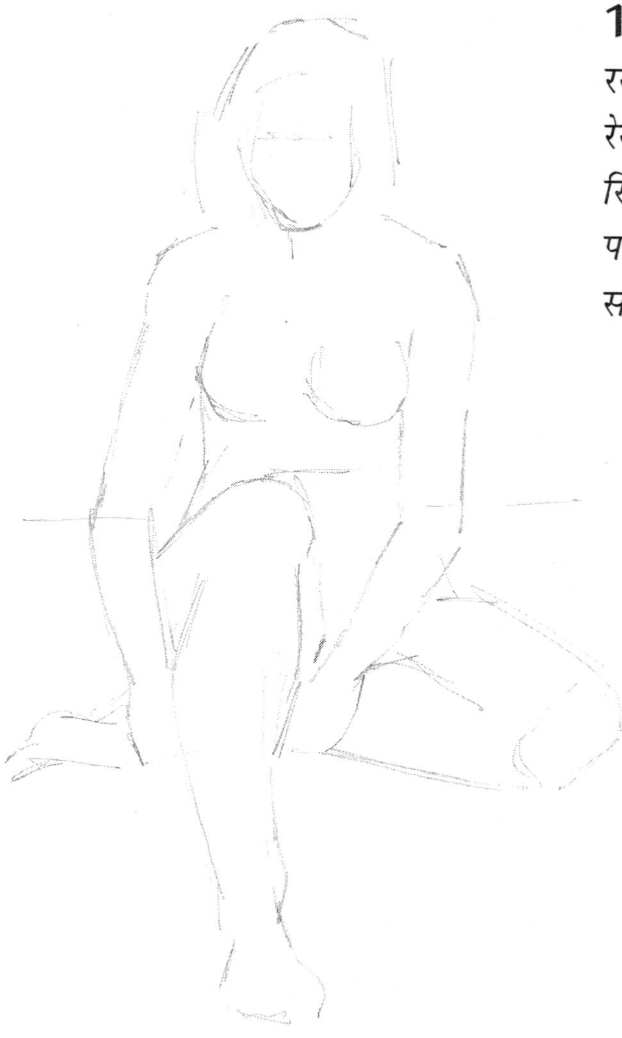

1. *यहां एक लड़की अपना एक पांव दूसरे पांव के नीचे रखे बैठी है। मुख्य आकृति का अध्ययन करने के बाद रेखाओं से शरीर के मुख्य भाग जैसे पांव हाथ धड़ और सिर, इन्हें डिटेल के बिना उभारें। दूसरी स्टेज पर जाने से पहले यह सुनिश्चित कर लें कि चित्र में अनुपात एकदम सटीक है, सही है, नियमानुसार है।*

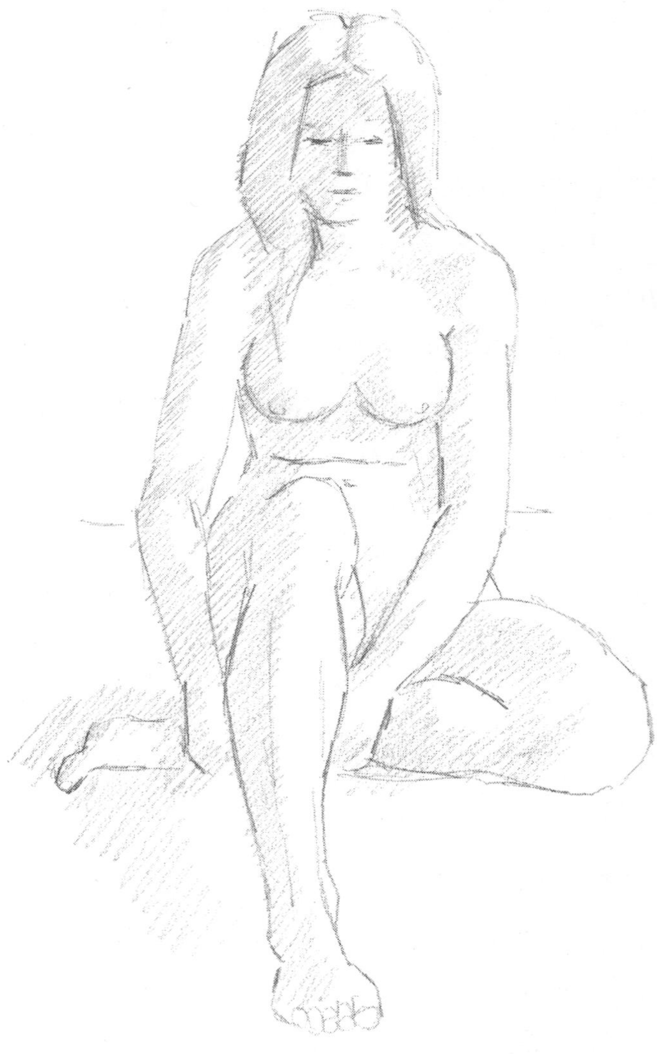

2. *अब इस स्टेज पर थोड़ा थोड़ा डिटेल का काम करें जैसे कि पांव, चेहरा और हाथ, फिर इसमें हल्की सी शेड भरें। इस स्टेज पर इतना काम काफी है।*

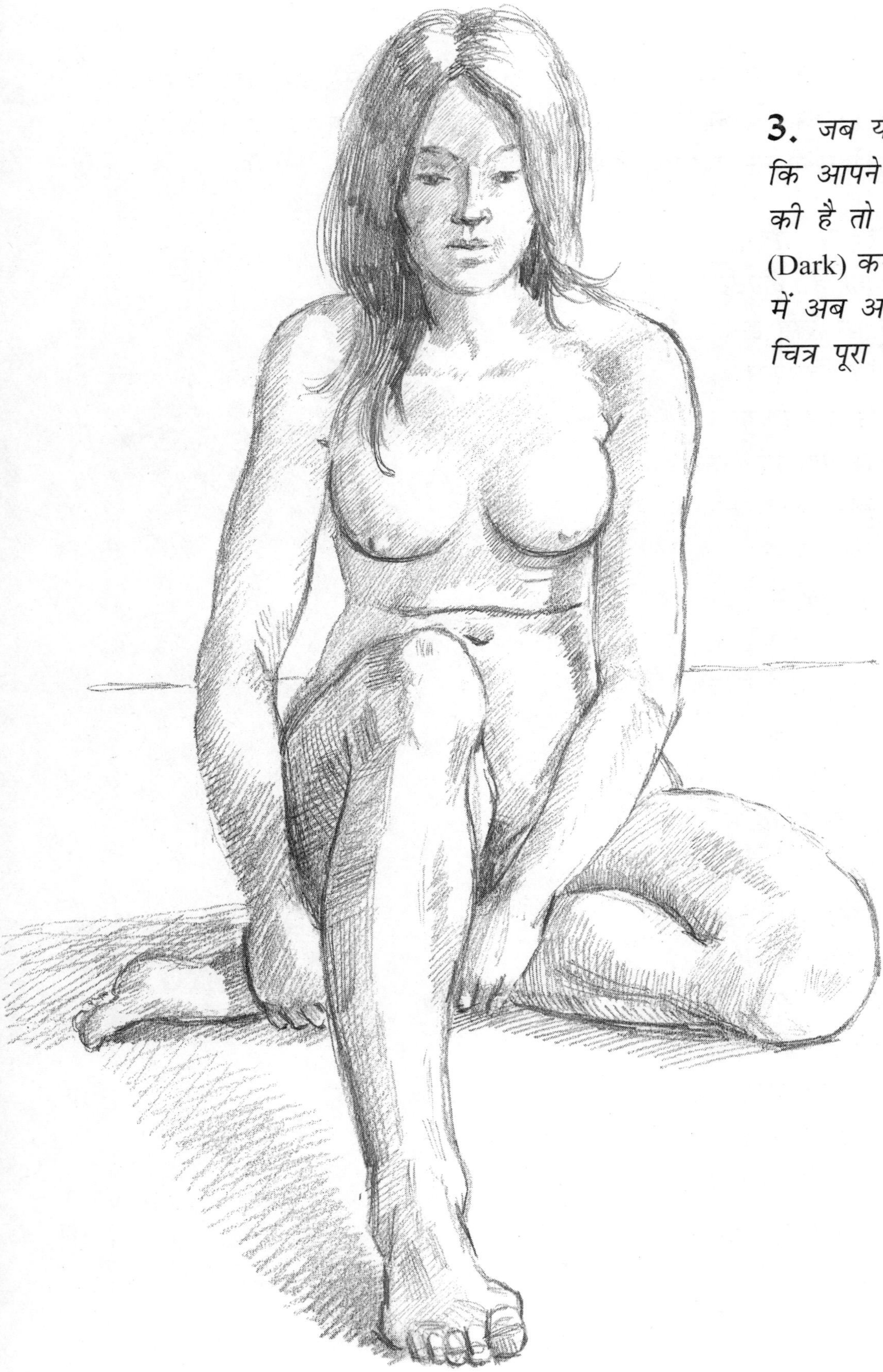

3. जब यह निश्चित हो जाए कि आपने शेडिंग सही स्थानों पर की है तो आप शेडिंग को गहरा (Dark) कर सकते हैं। इसी स्थिति में अब आप पूरे डिटेल देकर चित्र पूरा कर सकते हैं।

आकार वर्णन

जीवित मॉडल का रेखांकन करने में एक समस्या यह आती है कि उसे ठोस रूप कैसे दें। ताकि आंख को यह लगे कि सामने का मॉडल मांसल है और ठोस है। पदार्थ युक्त है। यहां, इन पृष्ठों पर हम इसके भिन्न-भिन्न उदाहरण देखेंगे।

पहला उदाहरण पेन्सिल से शेडिंग का शास्त्रीय तरीका दिखाता है। आर्टिस्ट वस्तुओं को ठोस दिखाने के लिए इस पर निर्भर करते हैं। इसे हर चित्रकार ने कभी न कभी प्रयोग अवश्य किया होता है। यह वस्तु को ठोस दिखाने का प्रभावशाली तरीका है। जिसमें वस्तु का एक हिस्सा प्रकाश में है और दूसरा छाया में होता है। परम्परागत तरीके से लाइट और शेड (Shade) देने में पेन्सिल कागज पर जो रेखाएं चलीं हैं वे काफी नजदीकी होती हैं। इससे आकार में ठोसत्व और भराव आता है। इसे नियंत्रित तरीके से करना चाहिए। ताकि चित्र स्वाभाविक ठोस और सुन्दर बने। लियोवार्डो-डा-बिन्सी (1452-1519) इस तरीक से शेड देने में विख्यात था, जिसे 'स्फूयूमेटो' कहा जाता है। यह इतना सटीक है कि शेडिंग धुएं की तरह आसपास के आकार में रच-पच जाता था। हमारा चित्र लियोनार्डो का मुकाबला तो नहीं कर सकता पर शेडिंग से मॉडल का चित्र ठोस, गोल और स्वाभाविक तो लगता है।

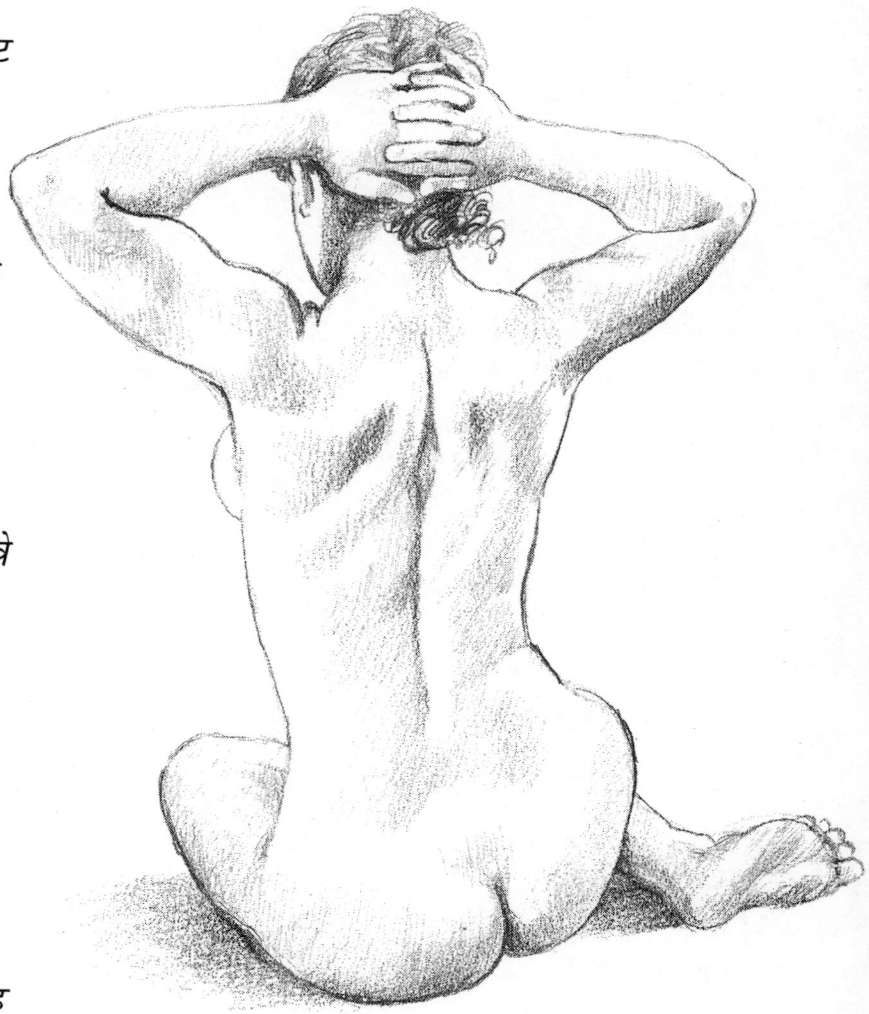

आकार वर्णन

दूसरा उदाहरण काफी तेज और कठिन है, और कम जीवन्त है फिर भी यह आकार को स्पष्ट ठोसत्व देता है। शैली (Style) ऐसी है जैसे छैनी से कोई लकड़ी की मूर्ति तराश रहा हो।

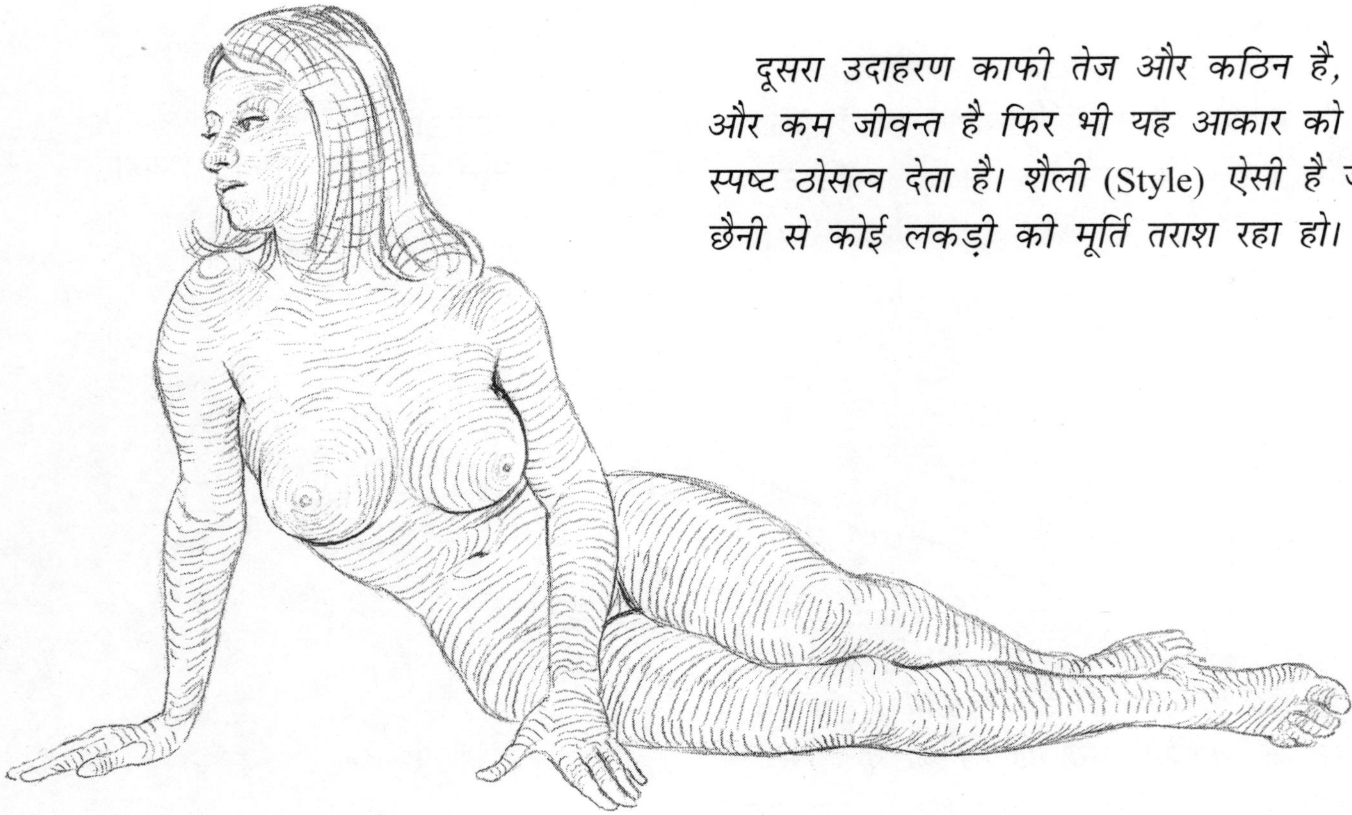

तीसरा उदाहरण है कि शेड साधारण और कोणीय है। यह शरीर में तीखी रेखाओं द्वारा उसे ठोसत्व प्रदान करता है। इस शैली में डिटेल नहीं होते, पर मुख्य अंगों पर शक्तिशाली रेखाओं द्वारा प्रभाव उत्पन्न किया जा सकता है।

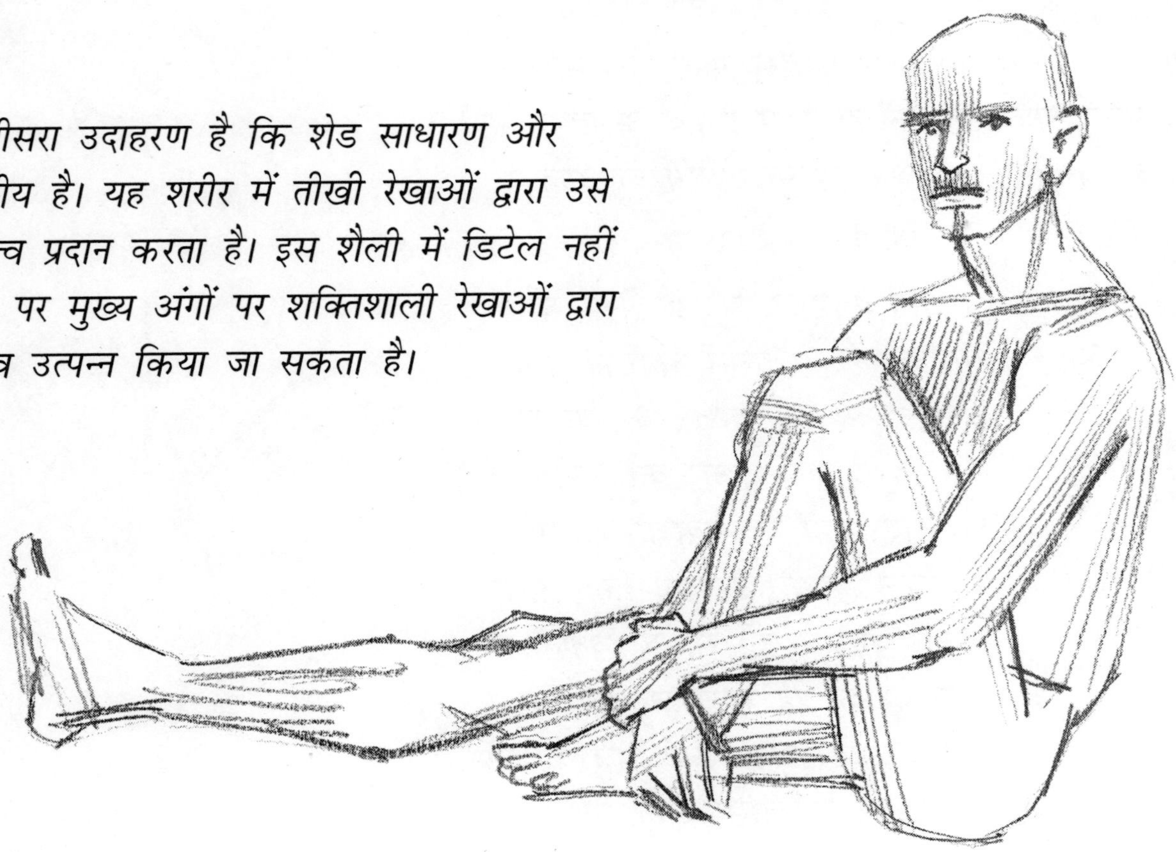

आकार वर्णन

अन्य आकार

यहां कुछ और उदाहरण हैं जो अलग हैं, और मनुष्य के शरीर का ठोस आकार दर्शाते हैं। इनमें कुछ मास्टर आर्टिस्टों के उदाहरण भी लिए गए हैं।

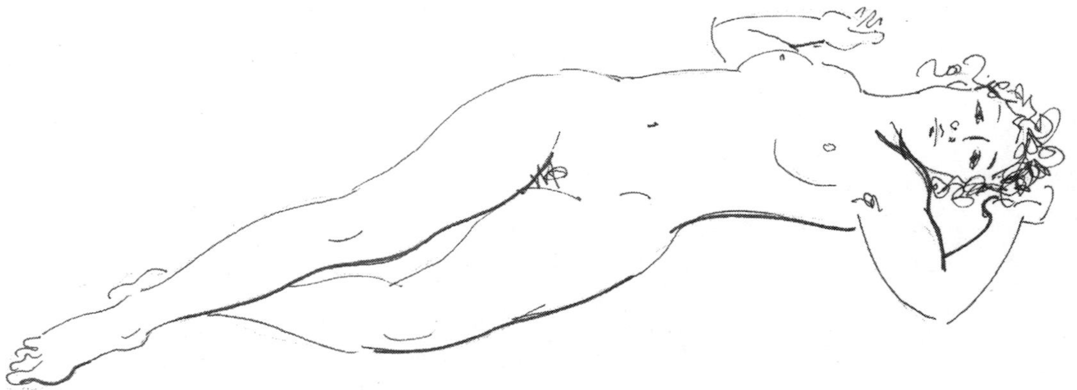

इस तरीके में बहुत कम रेखाओं से आकार उकेरने की कोशिश की गई है। जो कला में दिलचस्पी रखते हैं उनके लिए यह तरीका बड़ा कारगर है क्योंकि इसमें आंख चित्र को रेखाओं के इशारे भर से ही पूर्ण रूप से देख पाती है। 'मातीस' जैसे महान कलाकार के हाथों से प्रभाव अभूतपूर्व हो गया है, क्योंकि वह बिना किसी शेडिंग के आकार को ठोस दिखाने में सफल रहा है।

अगली ड्राइंग में भी शैली में समानता है पर इसमें आर्टिस्ट द्वारा उन रेखाओं को खोजने की कोशिश की गई है जो आकार को ठोसत्व देने के लिए कहां तक खींची जा सकती है। बिना इनकी परिभाषा किए सधी लकीरें आकार की सीमाएं बताती है। आम दर्शक यह सोच लेता है कि शायद आर्टिस्ट के पास चित्र को पूर्ण शेडिंग देने का समय नहीं था।

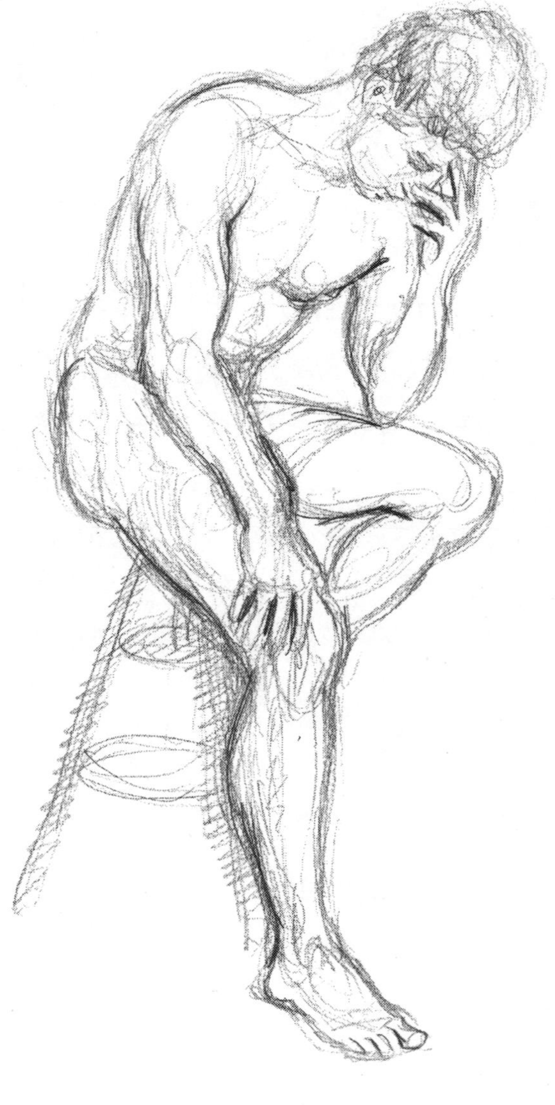

आकार वर्णन

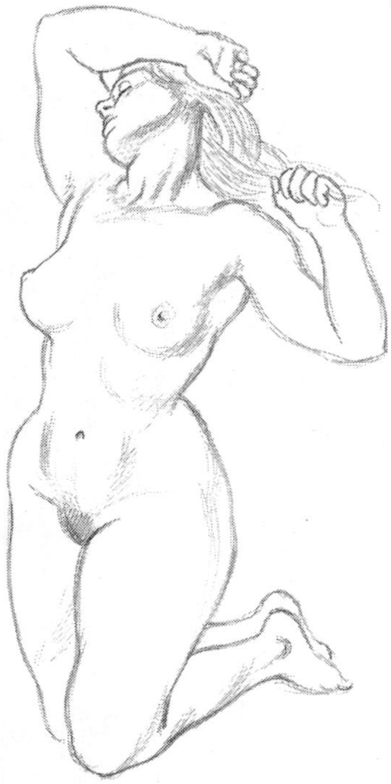

कलाकार फ्रांज स्टक (1863-1928) की शैली रेखाओं के अद्भुत संयोजन की शैली है। शरीर को ठोस दिखाने के लिए बहुत कम रेखाओं का प्रयोग किया गया है, ताकि आकार के खाली स्थान में मांसलता की कल्पना आप स्वयं करें।

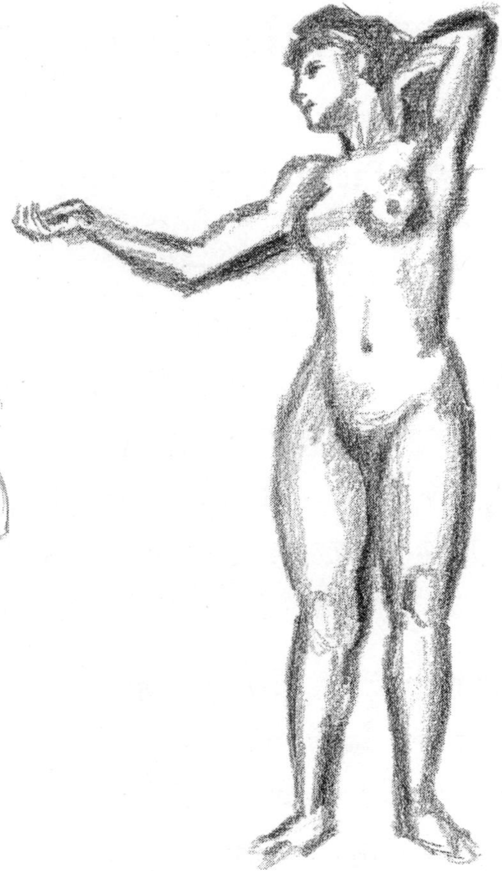

यह उदाहरण भी 'स्टक' जैसा ही है जिसमें चारकोल का सा प्रभाव दिया है हालांकि किनारों पर कोमल रेखाएं हैं पर शरीर को ठोस दिखाने में उसके शेड सफल रहे हैं और चारकोल जैसी टोन (Tone) देकर शरीर की गोलाइयों को प्रभावी ढंग से उकेरा गया है।

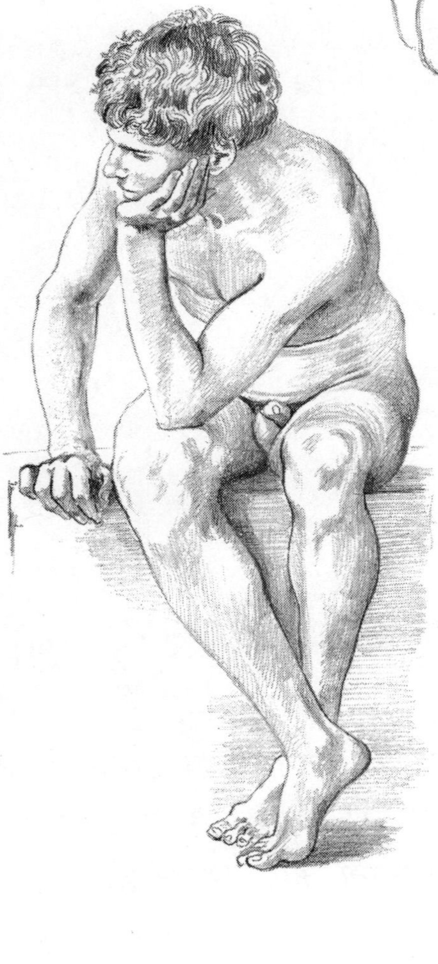

ओटो ग्रीनर (1869-1916) की रेखांकन की पहुंच प्रसिद्ध महान कलाकारों जैसी ही है। जैसा कि चित्र की अनुकृति में आप देख सकते हैं। जिसमें छाया (Shade) और प्रकाश को सावधानी से उकेरा गया है। यह शैली धैर्य और मेहनत मांगती है। पर इससे आप महान चित्रकारों का प्रभाव ग्रहण कर सकेंगे। देखिए, किस तरह आकार देने के लिए ग्रीनर ने शरीर में प्रकाश और छाया का तालमेल बिठाया है।

संतुलन और मॉडल की मुद्रा एवं भंगिमा का विश्लेषण

इस पृष्ठ के इस भाग में दिखाया गया है कि मॉडल के शरीर को कैसे देखना चाहिए और कैसे विश्लेषित करना चाहिए।

रेखांकन करते समय एक कल्पित रेखा (Dotted line) की कल्पना कीजिए जो कि मॉडल के सिर से पांव के तलुओं तक जाती है। चित्र में यह 'A' है। कई सहायक टूटी रेखाएं भी आपकी सुविधा के लिए दिखाई गई है।

इसके बाद शरीर के आर पार की रेखाएं लीजिए जो कन्धों, नितम्बों, घुटनों और पांवों के तलुओं पर हैं। ये रेखाएं (Dotted line) संतुलन कायम किए हुए हैं और बहुत कुछ बताती है, कि आकार की रचना कैसे करनी है। कन्धों के लिए B, नितम्बों के लिए C पर गौर करें। अब कोहनियों और हाथों का सम्बन्ध पहचानिये। इस चित्र में इन्हें कोहनी के लिए F और हाथों के लिए G से दिखाया गया है। पहला चित्र एक खड़ी लड़की का है। इसमें एक ही भाग ऐसा है जिसे शेष शरीर के अनुपात से जोड़ने में आप कठिनाई अनुभव करेंगे वह है रेखा F जो कुहनियों को जोड़ती है।

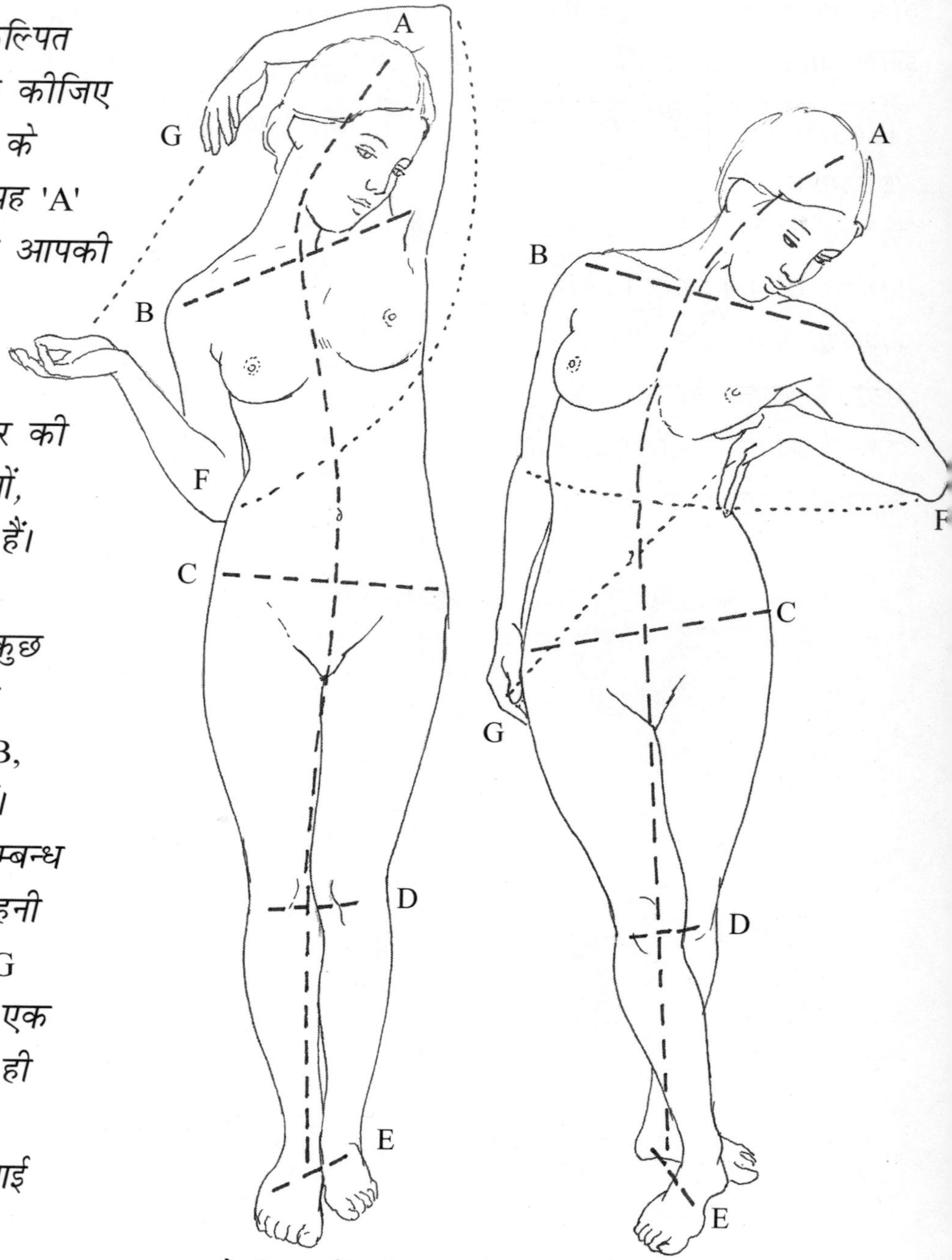

दूसरे चित्र में भी लड़की खड़ी है पर उसकी कोहनियों और नितंब (Hips) अलग स्थिति में हैं। तथापि इसके बिन्दुओं का आपस में तालमेल बैठाना काफी सरल है।

संतुलन और पोज़ का विश्लेषण

तीसरे चित्र में भी लड़की खड़ी स्थिति में है। इससे कुछ संकेत बिन्दु कम महत्व के हो गए हैं। Hips एक दूसरे के पीछे है। हाथ आपस में मिले हुए हैं। इससे आकृति सरल हो गई है लेकिन दूसरे बिन्दुओं को देखना आवश्यक है जिससे कि आकार में संतुलन पैदा किया जा सके।

लड़की के खड़े होने की स्थिति सभी बिन्दुओं का प्रयोग कर रही है (हाथों और घुटनों को छोड़कर) क्योंकि वे उनके पीछे के भाग से छुप गए हैं।

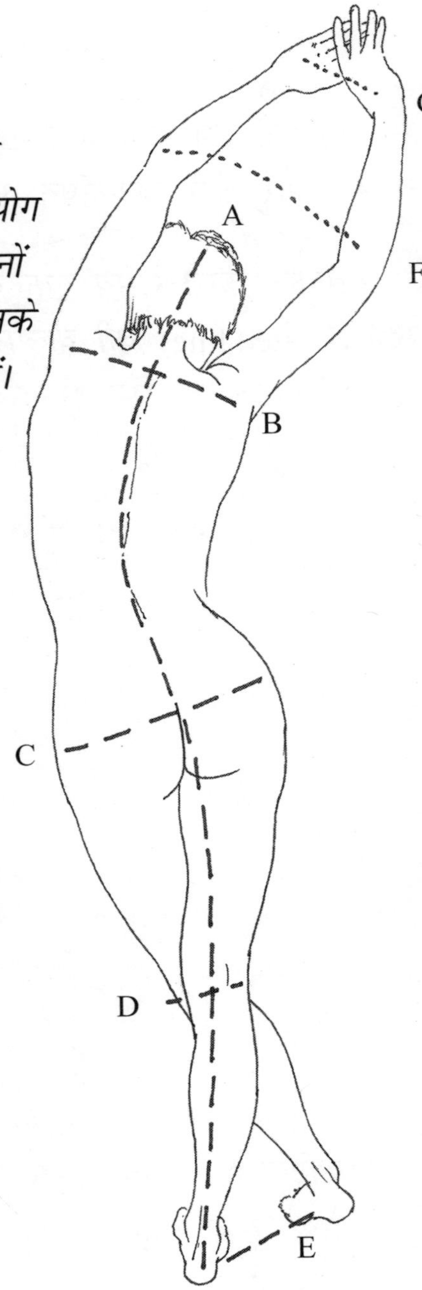

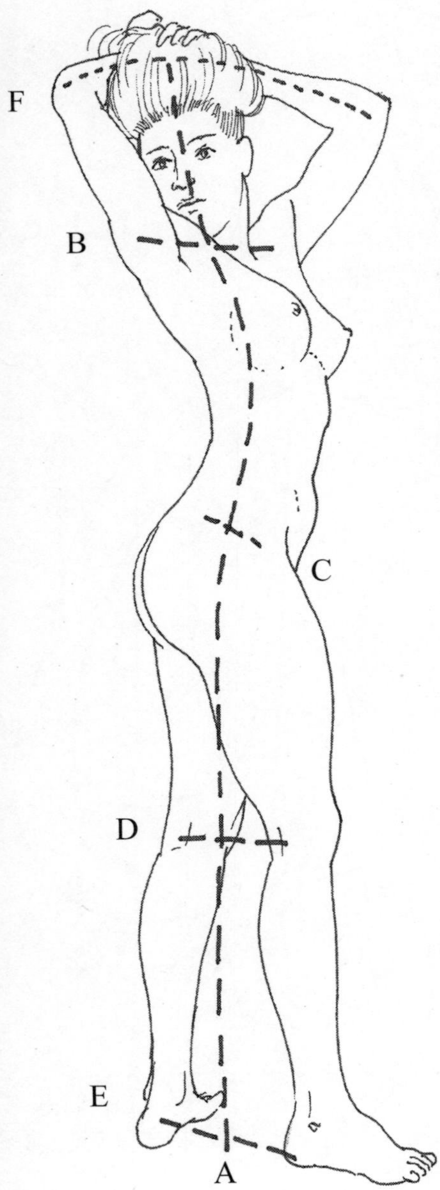

अब हमारे पास एक बैठी स्थिति (Pose) का आकार है इसमें प्रमुख है डॉटेड लाइन A जो शरीर के ऊपरी भाग को दिखाती है और छोटी हो गई है क्योंकि संतुलन रेखा यहां आकर रूक गई है। दूसरी रेखाएं निश्चित हैं हालांकि कोहनी और हाथों की टूटी रेखाएं एक दूसरे को काट रही हैं।

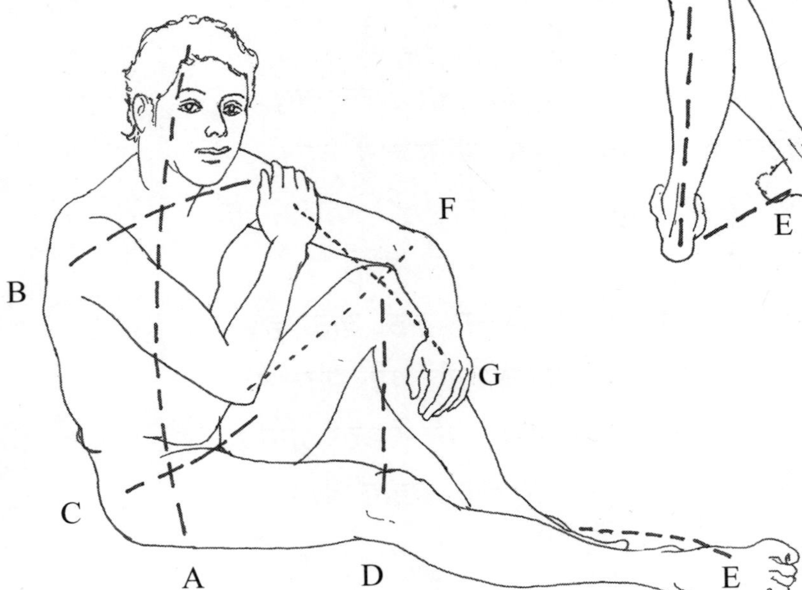

स्थिति (Pose) का विश्लेषण

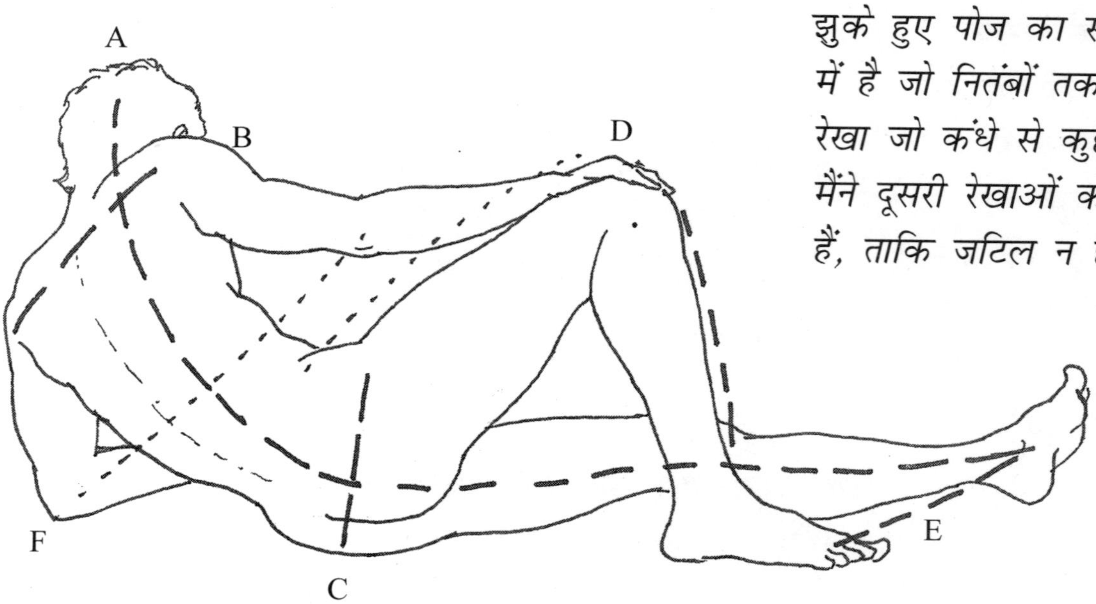

झुके हुए पोज का संतुलन उन रेखाओं में है जो नितंबों तक जाती हैं और वह रेखा जो कंधे से कुहनी तक जाती हैं। मैंने दूसरी रेखाओं का ईशारा नहीं दिया हैं, ताकि जटिल न हो जाए।

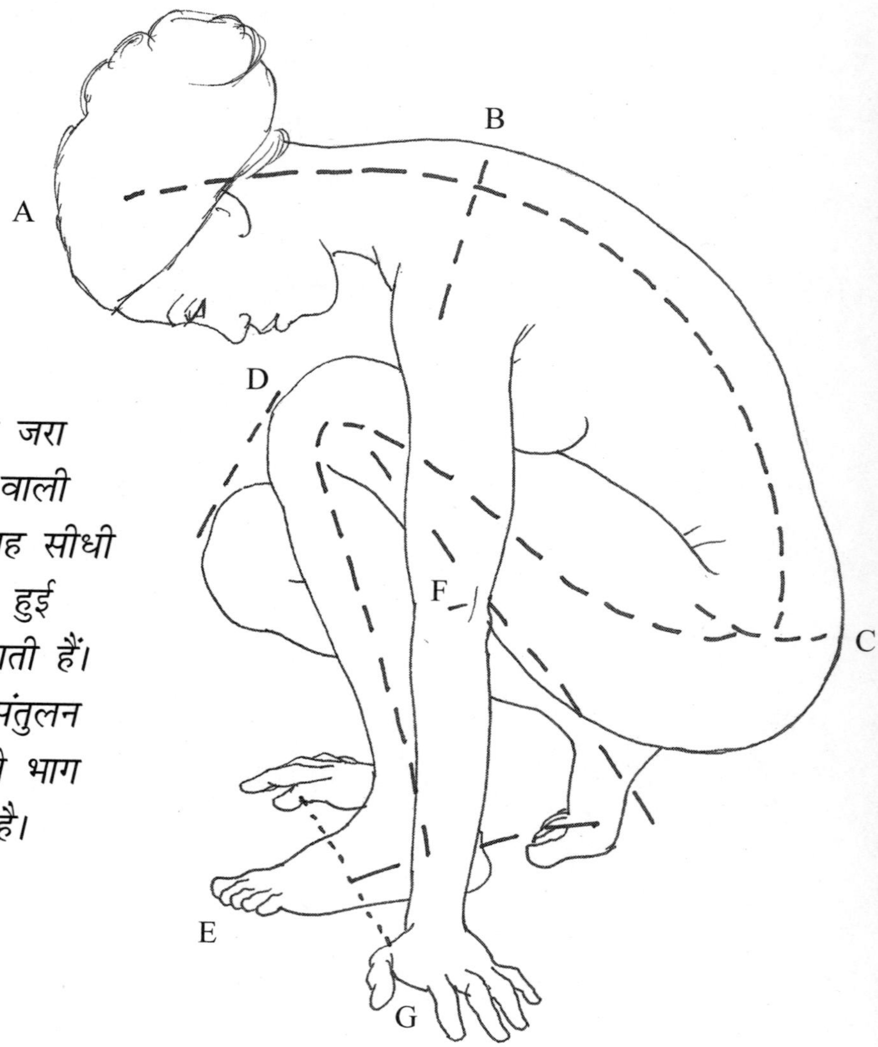

यह झुकी हुई लड़की का चित्र जरा जटिल है क्योंकि शरीर से गुजरने वाली रेखा मुख्य संतुलन रेखा नहीं है। यह सीधी सिर से निकल कर घुटनों से होती हुई हाथों और पांवों के तलुओं तक जाती हैं। चित्र में दिखाया पिछला पांव भी संतुलन में सहायक है। जो शरीर के पिछले भाग को आगे की ओर संतुलित रखता है।

संतुलन और स्थिति (Pose) का विश्लेषण

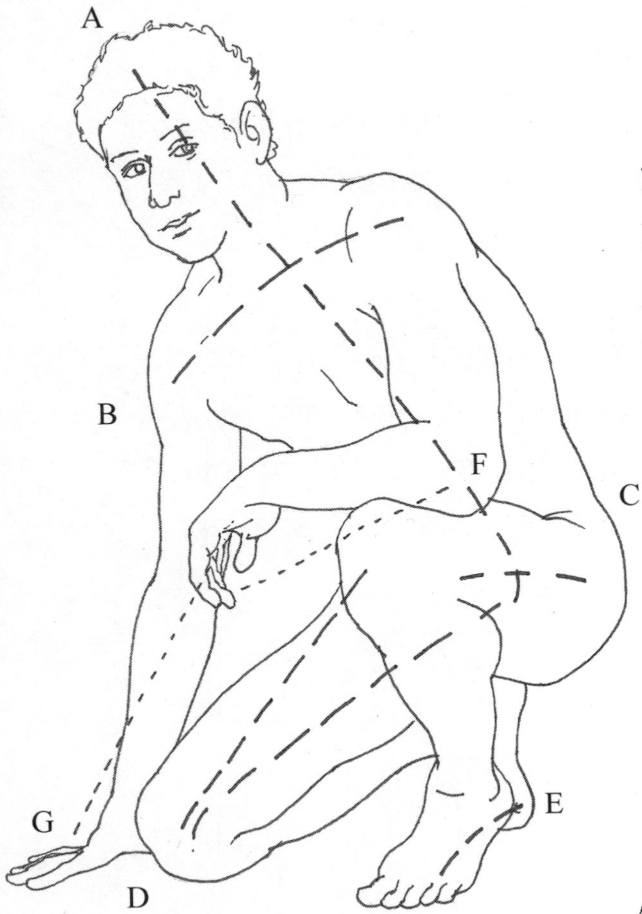

इस चित्र में घुटनों के बल बैठा व्यक्ति पिछले चित्र की सी स्थिति में है। इसमें हाथ और पांव के तलुए भी फर्श पर हैं, इससे संतुलन पूर्ण हो गया है। दायां पांव इसमें सहायक है।

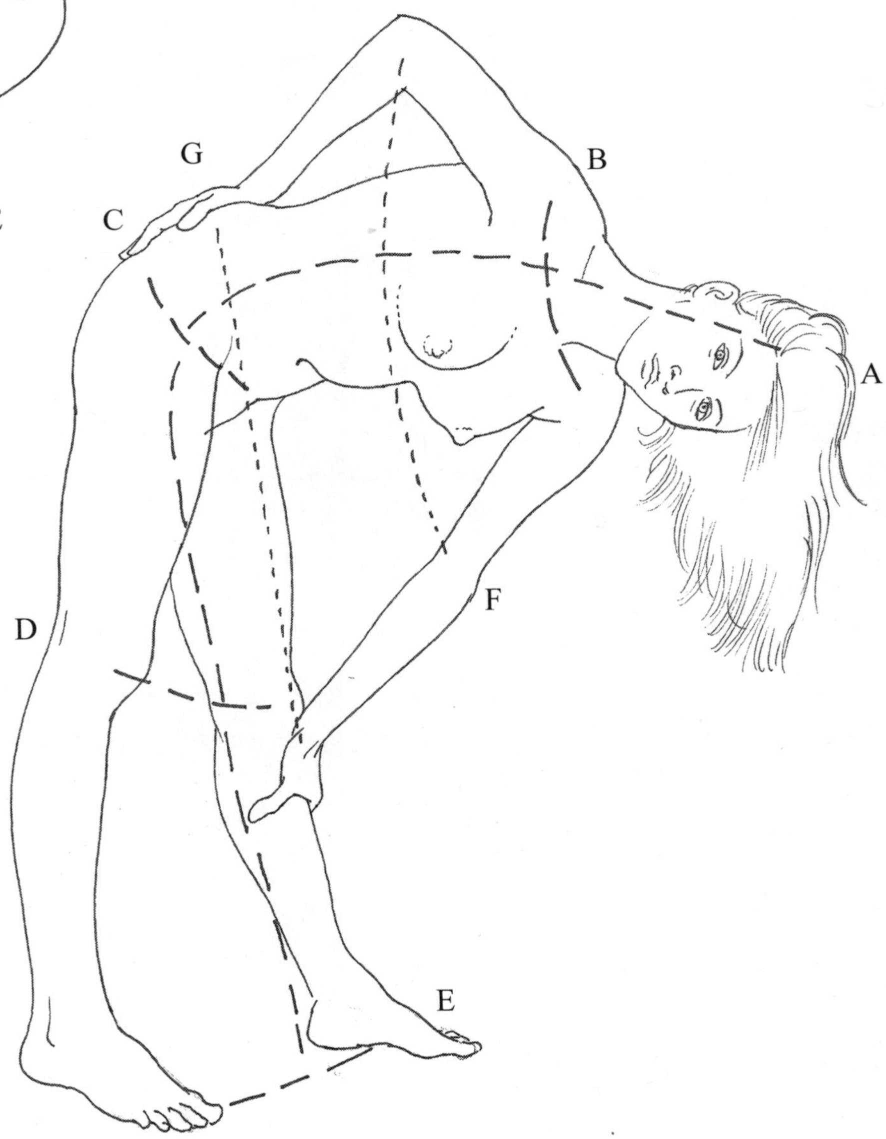

यह झुकी हुई लड़की के चित्र का अच्छा उदाहरण है। इसमें पांव दूरी पर हैं और हाथों की स्थिति ऐसी है जिसमें एक हाथ टखने पर और दूसरा नितंबों पर है। इसमें संतुलन घटित हो गया है। ऐसे पोज का अध्ययन करना चाहिए। तभी सटीकता से रेखांकन संभव है।

शरीर का सविस्तार (Detail) वर्णन

शरीर के हर भाग का अलग से अध्ययन करना आपकी शरीर सम्बन्धी जानकारी में समग्र रूप से वृद्धि करेगा। आपका यह ज्ञान भंडार चित्र बनाने में काफी सहायक होगा।

धड़ (Torso)

अगर आपको अपना मानव शरीर रेखांकन सही करना है तो शरीर के सबसे बड़े भाग धड़ का अध्ययन अति आवश्यक है। यह वह भाग है जो कन्धों से शुरू होकर नाभि *(Navel)* के नीचे तक जाता है। इसमें सिर, हाथ, पांव शामिल नहीं होते। नीचे के चित्र में आप पुरुष और स्त्री के धड़ की आगे और पीछे की तुलना करें। जब आप इनके अन्तर को समझ जाएंगे तो आपके लिए इनका रेखांकन सरल हो जाएगा।

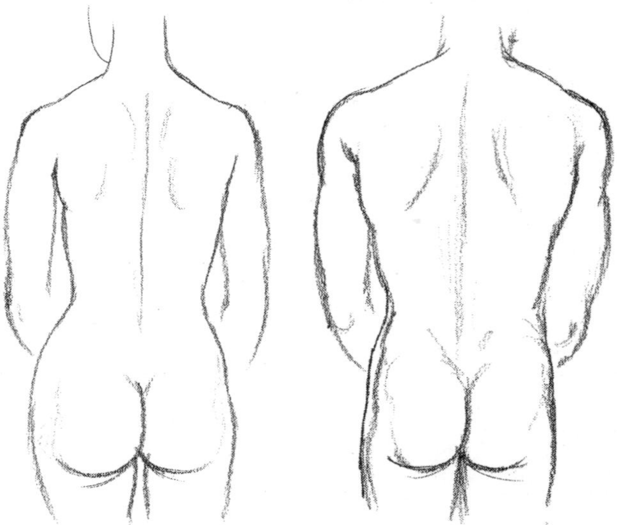

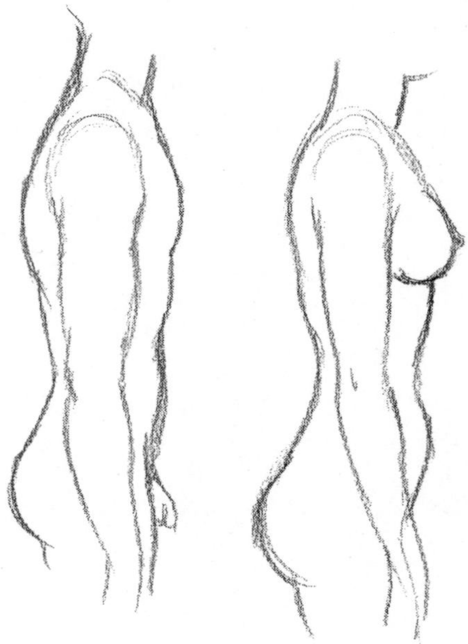

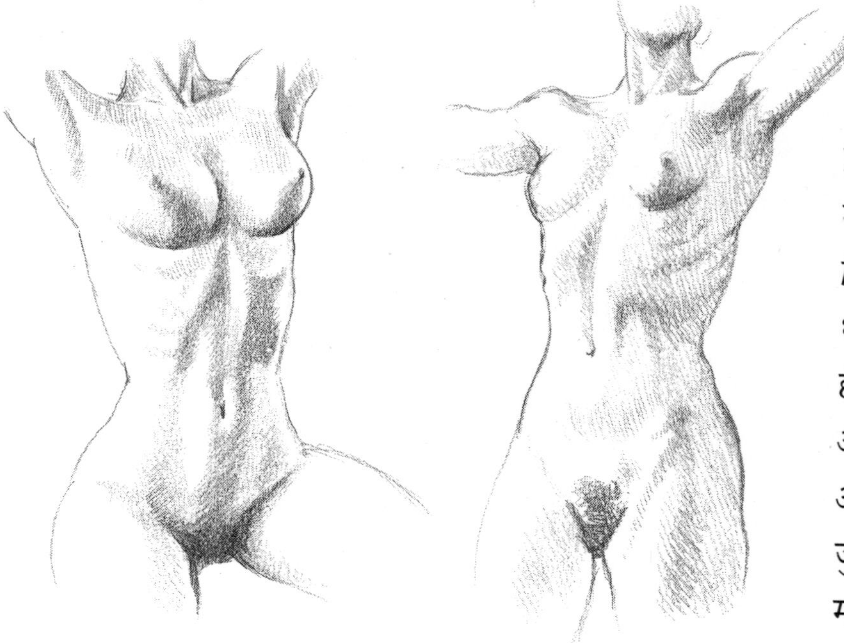

इस पृष्ठ के बायें गहरी शेड के चित्र में और अगले पृष्ठ के ऊपरी भाग में हमने स्त्री देह के धड़ का अध्ययन किया है। ध्यान दें कि छाती कैसे धड़ (Torso) *के रूप को आकार दे रही है और नारी शरीर बीच में कैसे मुड़ता और झुकता है, क्योंकि नाभि-प्रदेश और छाती का भाग रीढ़ की हड्डी से जुड़ा है। ध्यान दें कि पीठ और पेट की मांसपेशियां कितनी अलग है।*

शरीर के डिटेल

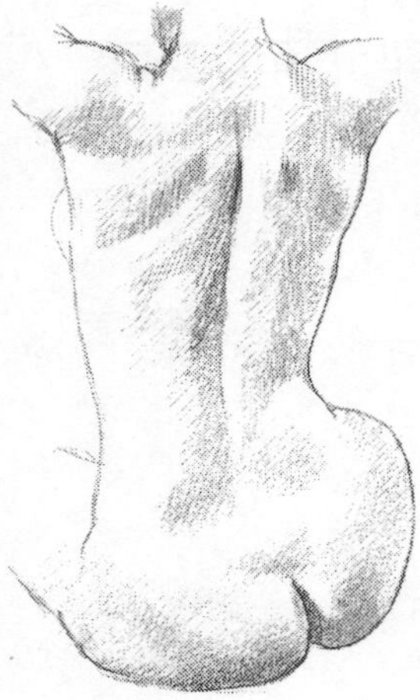

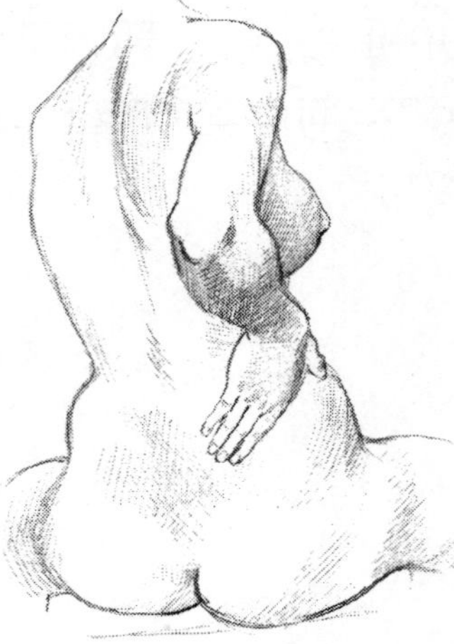

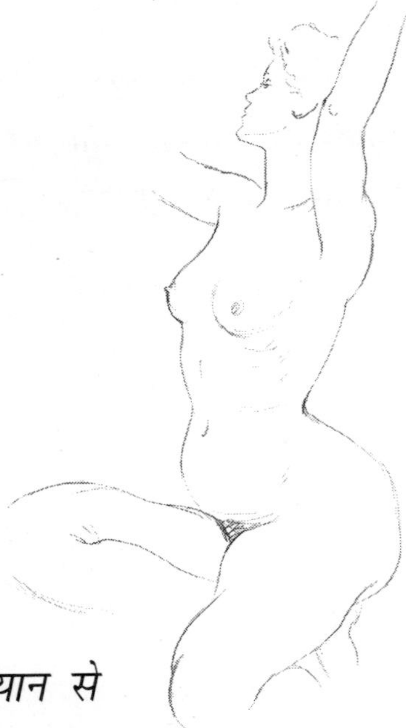

इन चित्रों को ध्यान से देखिए इनमें पुरुष का धड़ और स्त्री का धड़ समान हैं। इनमें एकसा लचीलापन है और मांसपेशियां स्पष्ट दीख रही हैं, पर छाती ज्यादा दृढ़ और कटि रेखा (waist line) कम स्पष्ट है। पुरुष के कन्धों पर ज्यादा ध्यान देना आवश्यक है।

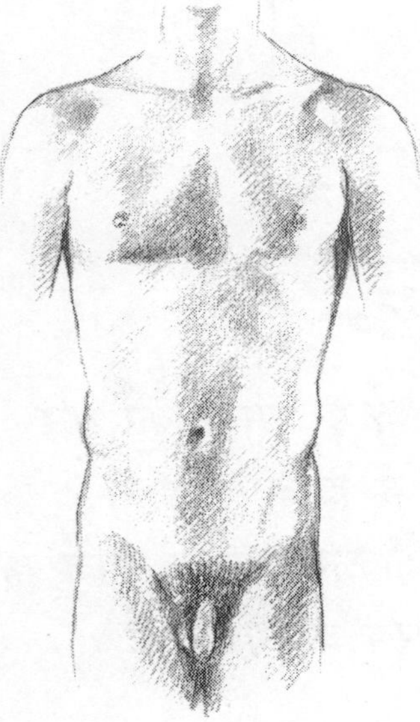

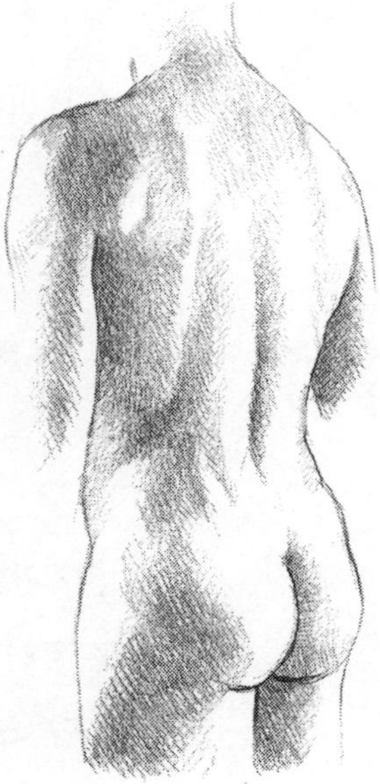

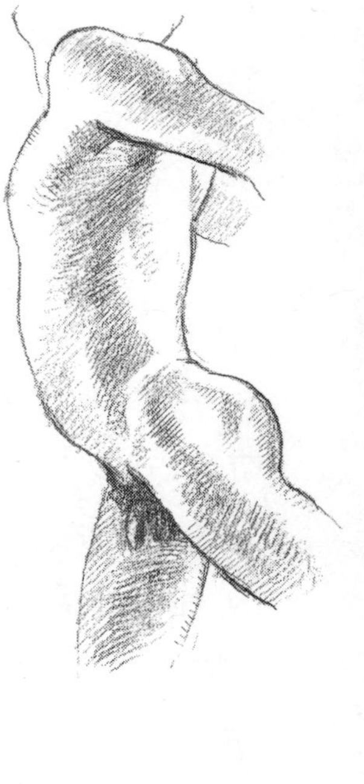

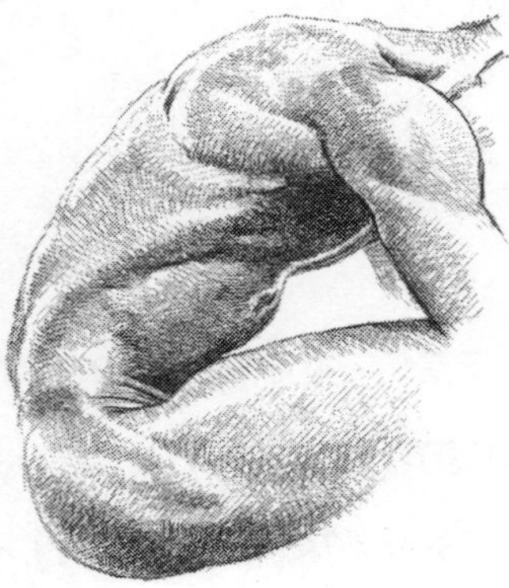

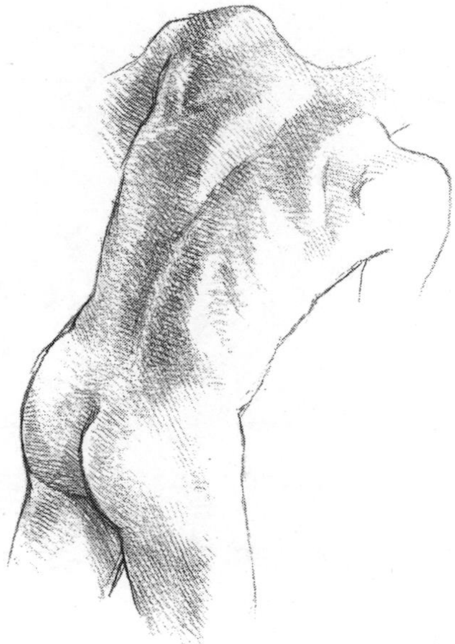

शरीर के डिटेल

बांह और हथेली

कुहनी और कलाई बेहद जरूरी आकृतियां हैं पर विद्यार्थियों द्वारा अक्सर इनका अध्ययन लापरवाही से किया जाता है। इनकी तरफ यदि अतिरिक्त सावधानी से ध्यान दिया जाए तो रेखांकन काफी प्रभावशाली बन पड़ेगा।

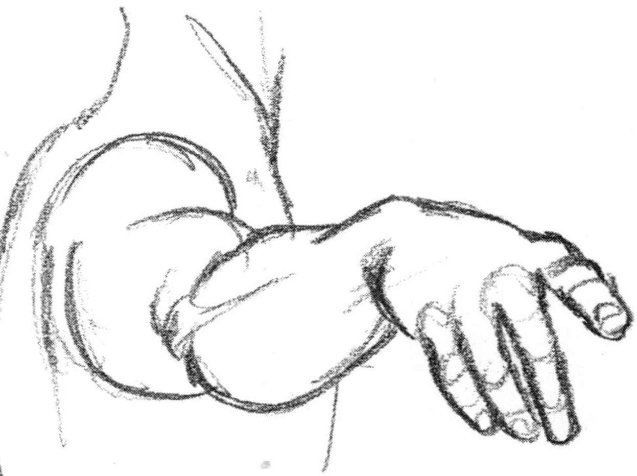

इस चित्र में किस तरह हाथ की ड्राइंग ने बैकग्राउंड देकर हथेली के एक्शन को प्रभावशाली बना दिया है।

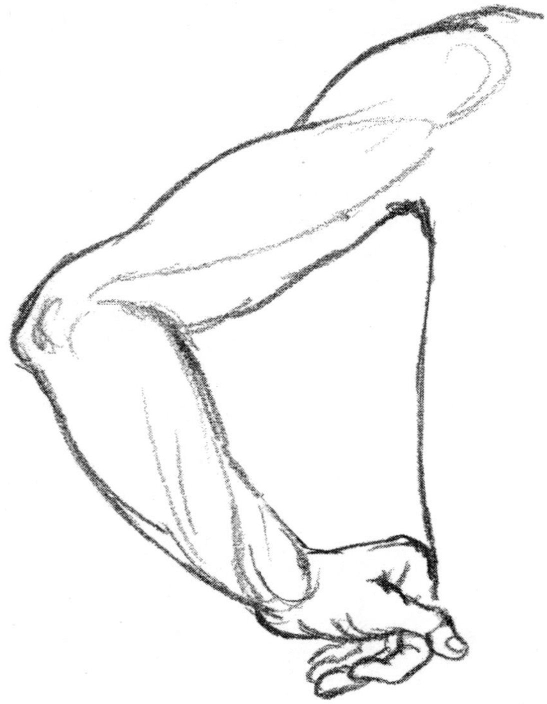

हाथों को कमर पर टिका कर और हथेली के हल्के मोड़ से व्यक्ति की आक्रामकता के पोज को हल्का, या नरम कर दिया है।

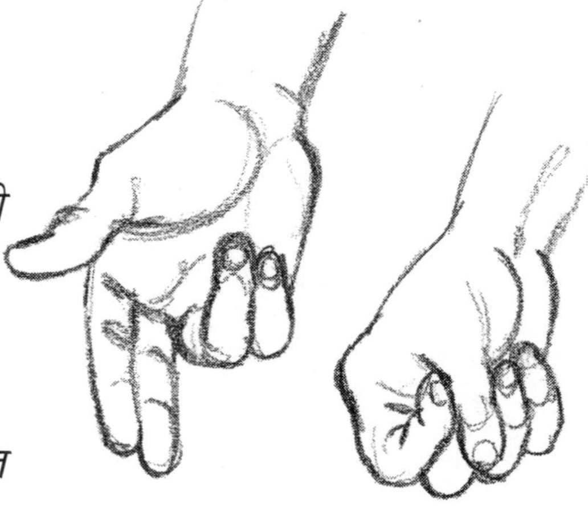

अंगूठे पर अलग ही ध्यान देने की जरूरत है। इसकी विशेषता और कोणों को उकेरने के लिए कुछ अतिरिक्त समय दें।

हाथ संवेदनाओं और स्वाभाविकता को उकेरने में काफी प्रभावशाली होता है, और ऐसा केन्द्र बिन्दु प्रदान करता है जिसमें बाहर किया हुआ हाथ या हथेली चित्र की महत्वपूर्ण कुंजी साबित होती हैं।

सरल तरीके से हाथों का रेखांकन हर संभावित कोण से कीजिए। एक आसान कोण से शुरू कीजिए जैसा कि इस पृष्ठ पर दिखाया गया है आप एक शीशे (Mirror) में देख कर अपने हाथ का या किसी और के हाथ की ड्राइंग कर सकते हैं।

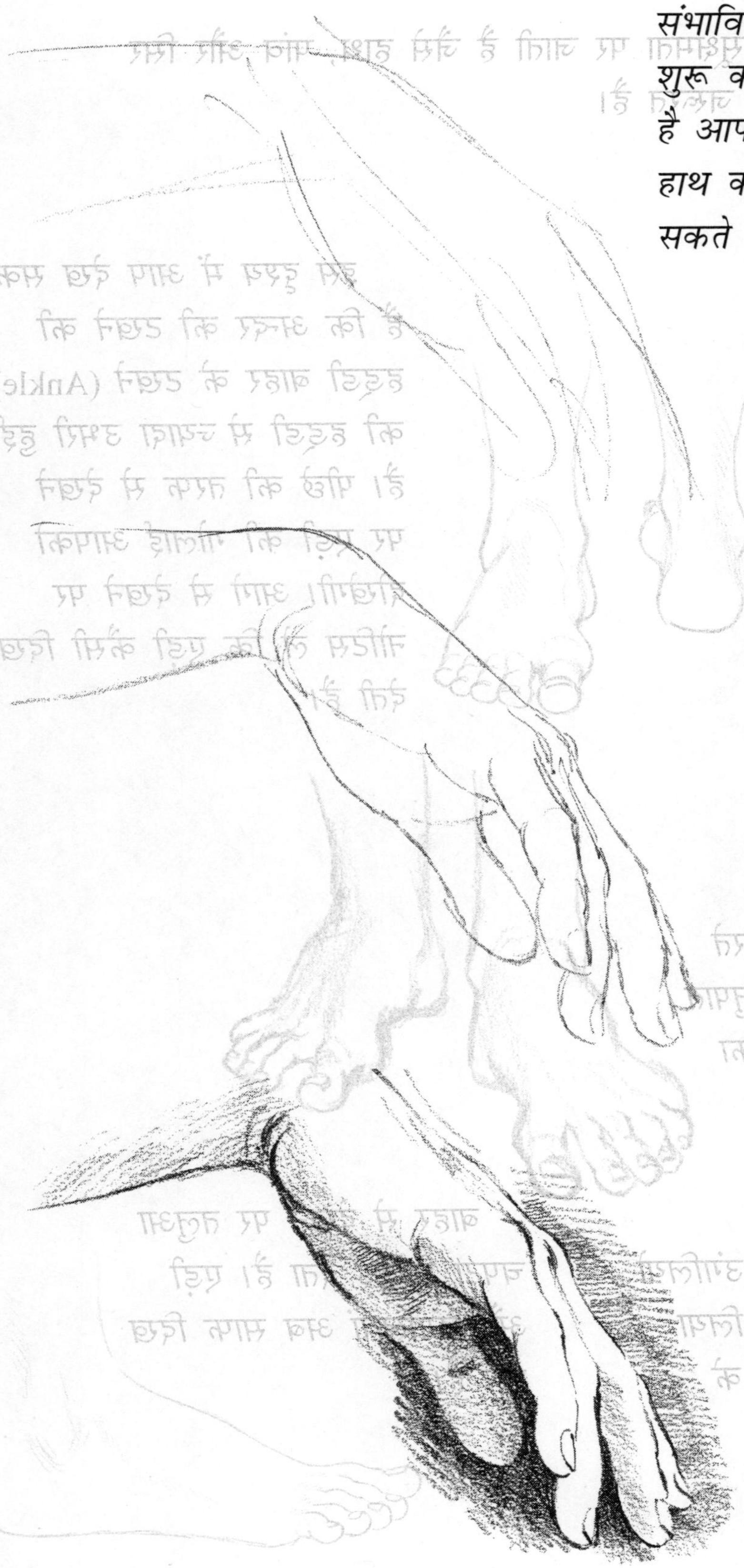

1. पहले प्रमुख रेखाएं उस दिशा में जिसमें हाथ को उंगलियों का रूख है और हथेली के प्रारंभिक अनुपात का ध्यान रख कर खींचिए। उंगलियों के जोड़ और उनके बीच के आनुपातिक स्थान का ध्यान अवश्य रखें।

2. जैसे ही आपको निश्चय हो जाए कि रेखाएं सही लगी हैं, आप अपनी ड्राइंग पूरी करने वाली रेखाएं लगाएं।

3. अब शेड लगाकर ड्राइंग में स्वाभाविकता एवं ठोसत्व लाइए।

शरीर के डिटेल

पांव और पांव का पंजा

क्योंकि दर्शक की नजर हमेशा विषय की सूक्षमता पर जाती है जैसे हाथ, पांव और सिर इसलिए ड्राइंग में उन पर विशेष ध्यान की जरूरत है।

हाथों की तरह पैरों का बनाना भी आसान है, पर उनका किसी कोण विशेष से बनाना कठिन हो सकता है, यह ड्राइंग में बेढ़ंगापन ला सकता है। उचित होगा कि आप इसे आगे और पीछे दोनों तरफ से बनाए। शुरूआत में अपने ही पांवों का चित्रण दर्पण (Mirror) *में देख कर सकते हैं। तलुओं को शायद ही कभी शास्त्रीय तरीके से बनाया जा सकता है।*

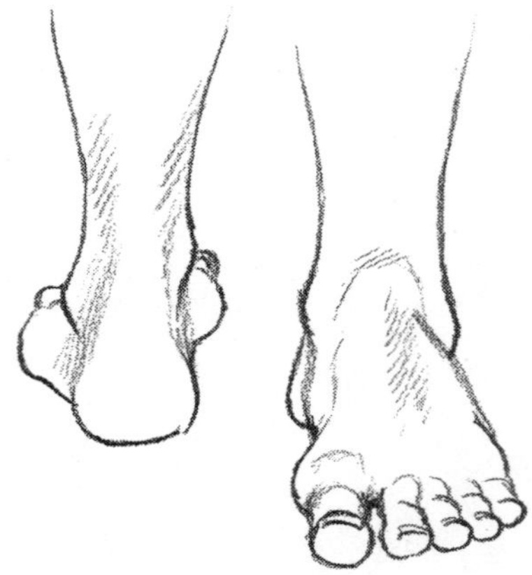

इस दृश्य में आप देख सकते हैं कि अन्दर की टखने की हड्डी बाहर के टखने (Ankle) *की हड्डी से ज्यादा उभरी हुई है। पीछे की तरफ से देखने पर एड़ी की गोलाई आपको दीखेगी। आगे से देखने पर नोटिस ले कि एड़ी कैसी दिखाई देती है।*

एड़ियों का अभ्यास करते समय इनका आपस में अनुपात और फिर पूरे पांव से इनका अनुपात अवश्य देखें।

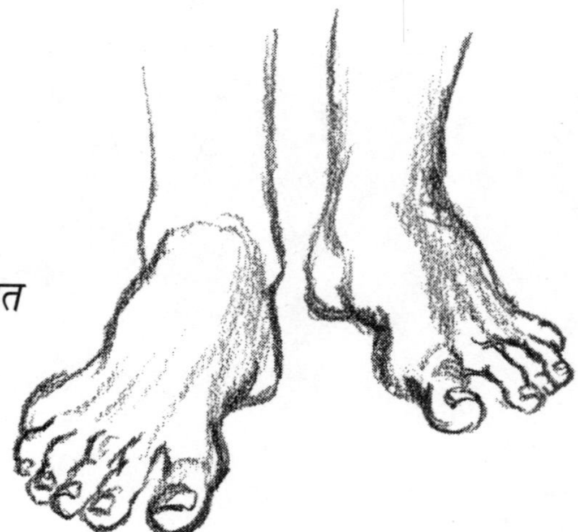

इस कोण से अंगूठे ने उंगलियों को आंशिक रूप से छुपा लिया है। इसे बनाते समय पांवों के ढलान का ध्यान रखें।

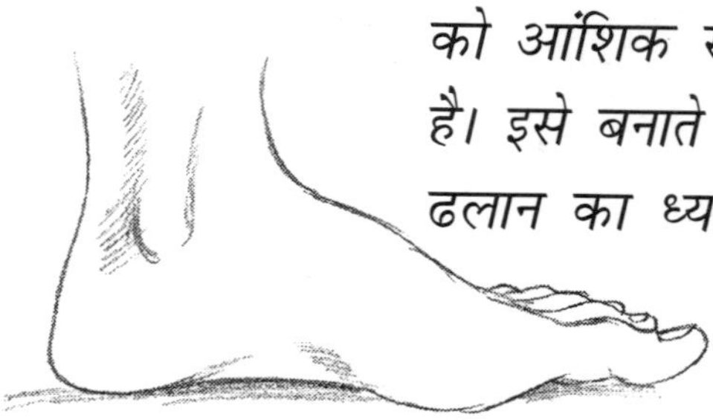

बाहर से देखने पर तलुआ चपटा दिखाई देता है। एड़ी और उंगलियां अब साफ दिख रही है।

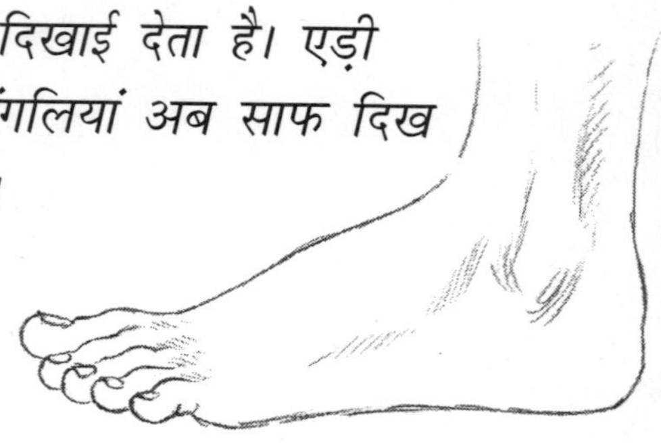

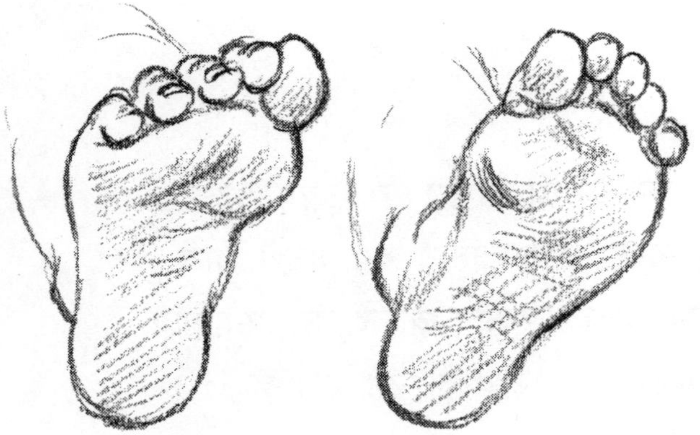

आपको यह पता होना चाहिए कि पांवों की तलों से कैसे बनाया जाए। यह ऐसा चित्रण नहीं है जिसे आप अक्सर बनाते हैं। पर्सपैक्टिव में एड़ियां और तलुओं का सम्बन्ध बिल्कुल ही अलग होता है।

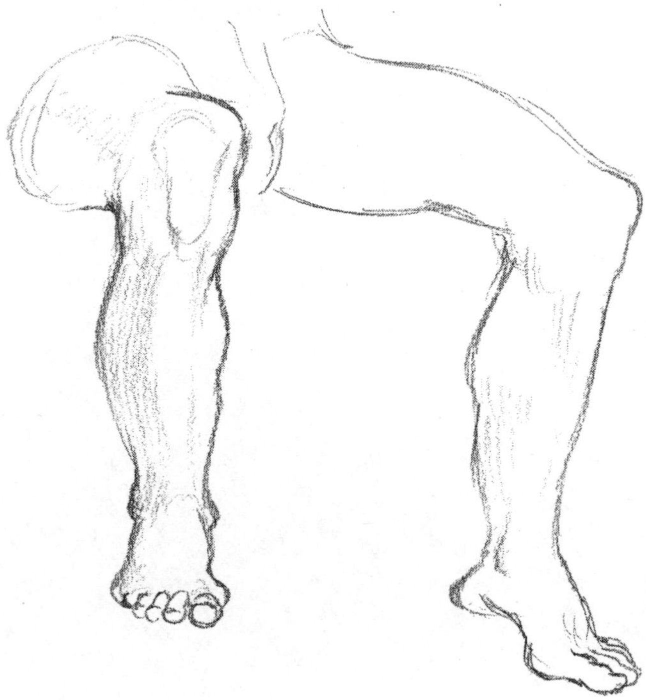

घुटने का रेखांकन जटिल होता है। इस पर ध्यान दीजिए क्योंकि पूरे पांव में इसका महत्वपूर्ण योगदान है। इसका आकार दिलचस्प है और इसे चित्रित करने में आपको आनन्द आएगा।

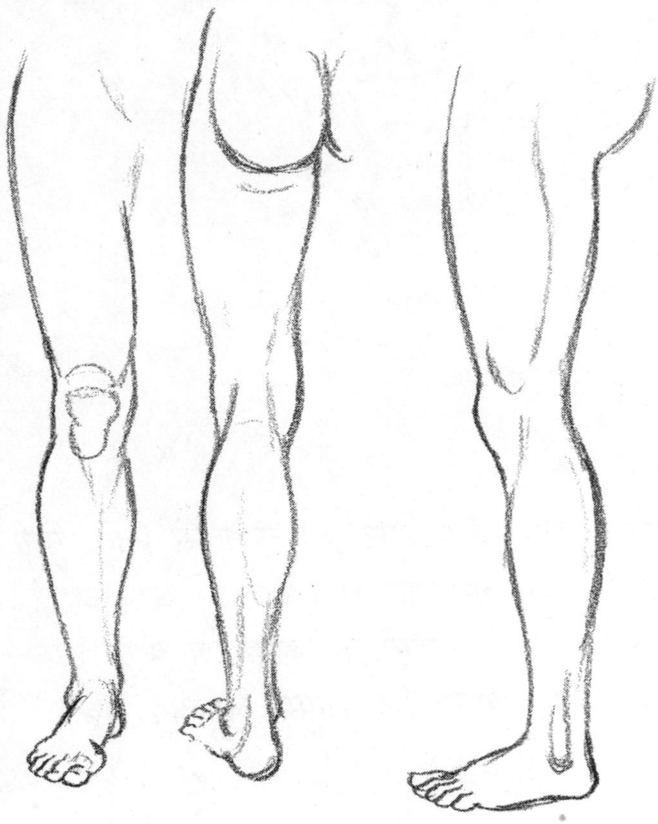

पांवों का सही आकार बनाने के लिए उसकी मांस मांसपेशियों का अध्ययन जरूरी है कि वे कैसे विकसित हुईं हैं। इस चित्र में पांव की मांसपेशियां साफ तौर पर चित्रित की गईं हैं।

पांव से पंजे के जुड़ाव का चित्रांकन नौसिखिए आर्टिस्ट के लिए समस्या खड़ी कर सकता है। टखने से शेष पांव के पंजे के सम्बन्ध को ध्यान में रखते हुए पंजे की ढलान का रेखांकन करें।

गति (Movement) का चित्रण

चलते हुए व्यक्ति का चित्र बनाना आसान नहीं होता, पर किसी समय पर आप अलग सोचते हुए ऐसा करें जरूर। अपने मॉडल से बार-बार एक जैसा चलने को कहें। अब आप उसकी हर चाल का रेखांकन करें। और अच्छे से अच्छा स्कैच करने की कोशिश करें। आप पाएंगे कि आपका गति चित्रण *(Motion Drawing)* सुधरता जा रहा है।

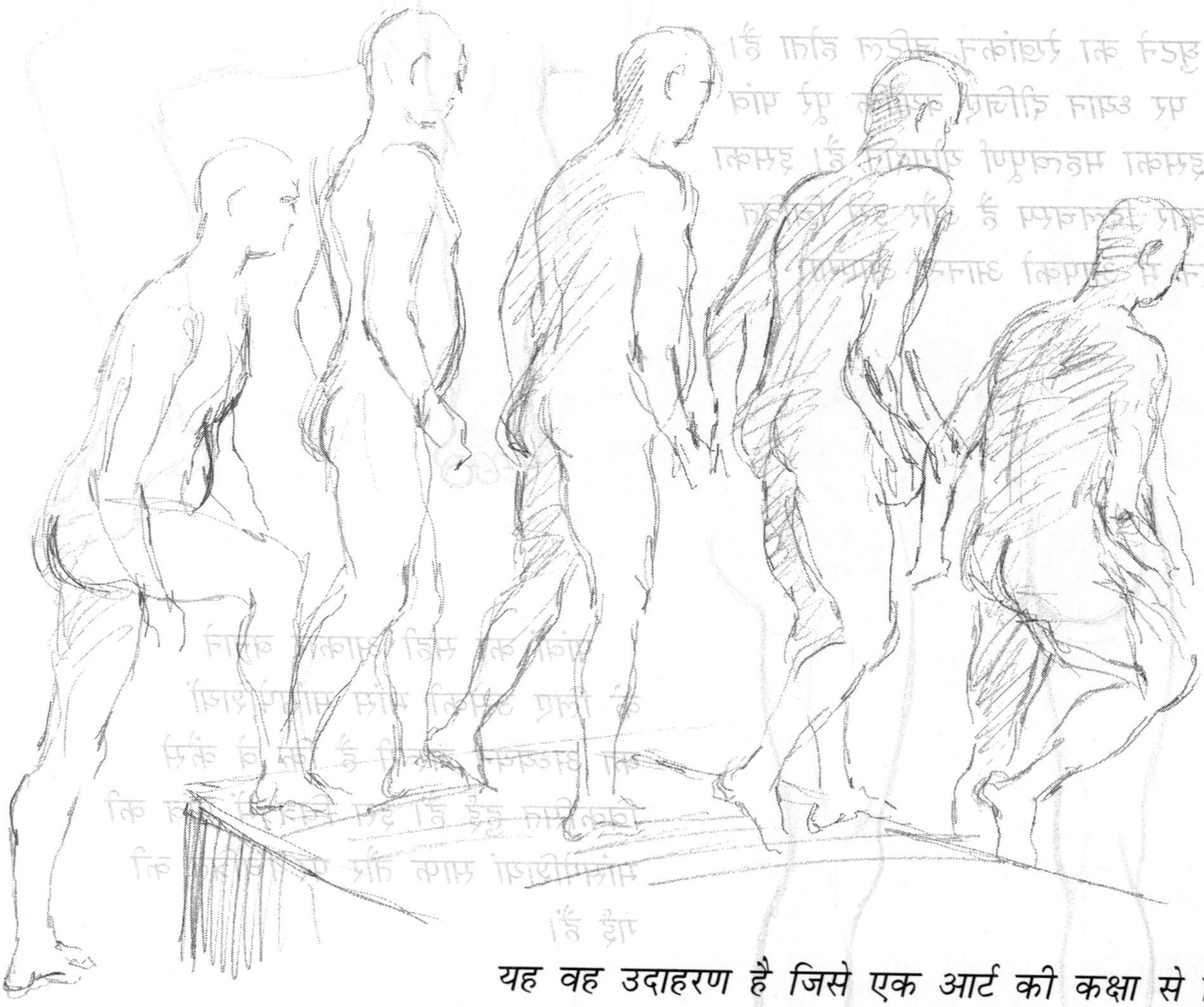

यह वह उदाहरण है जिसे एक आर्ट की कक्षा से लिया गया है। मॉडल एक प्लेटफार्म पर बार बार चल रहा है। आप अपने किसी मित्र को चलाकर उसके कदमों का अनुसरण करते हुए बार-बार रेखांकन करें। आप पाएंगे कि आपमें अपेक्षित सुधार आता जा रहा है।

गति (Movement) का चित्रण

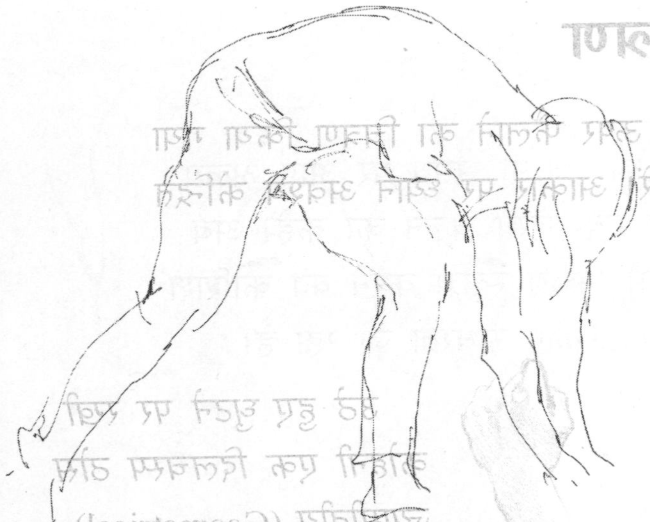

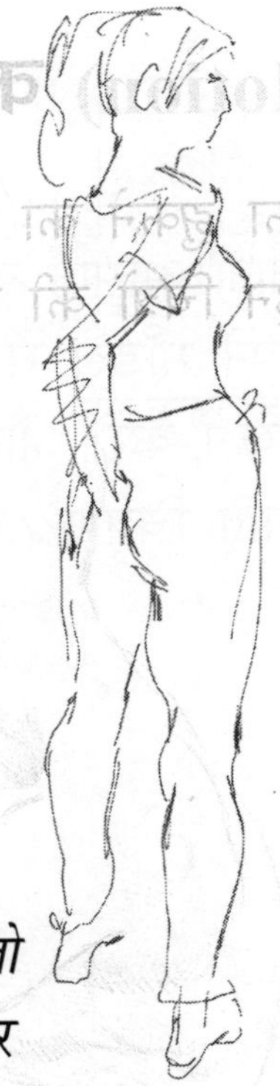

तेज गति की चेष्टाओं का रेखांकन

एक बार आप गति के रेखांकन के प्रयोग कर लेते हैं तो आप भीड़ भरी जगहों पर जाकर स्कैचिंग कीजिए। अगर भीड़ में स्कैचिंग करने में आप कठिनाई अनुभव करते हों तो अपने किसी मित्र या सम्बन्धी को चलवाइए और स्कैच कीजिए।

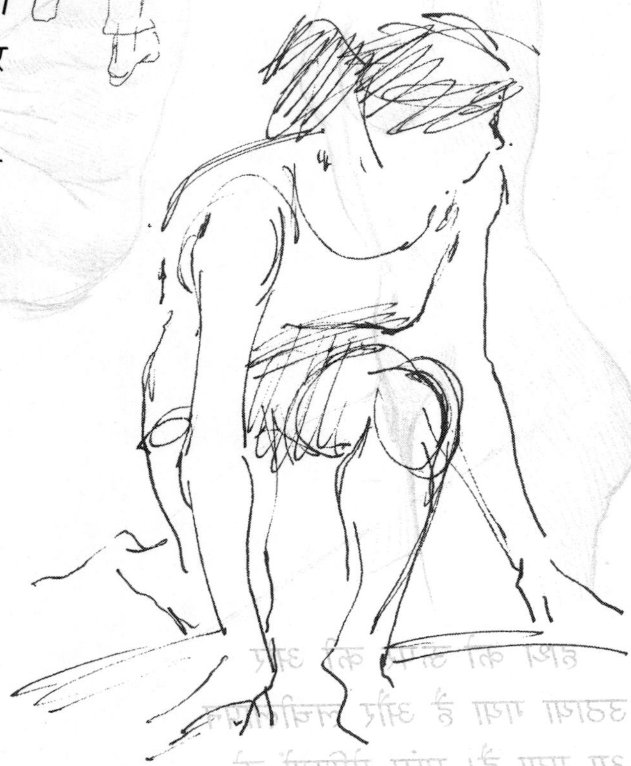

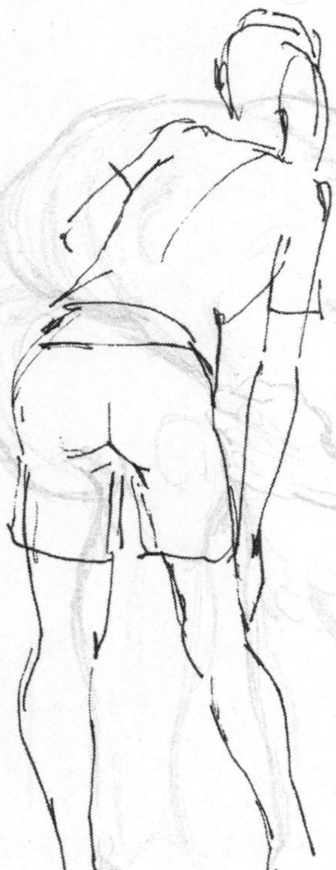

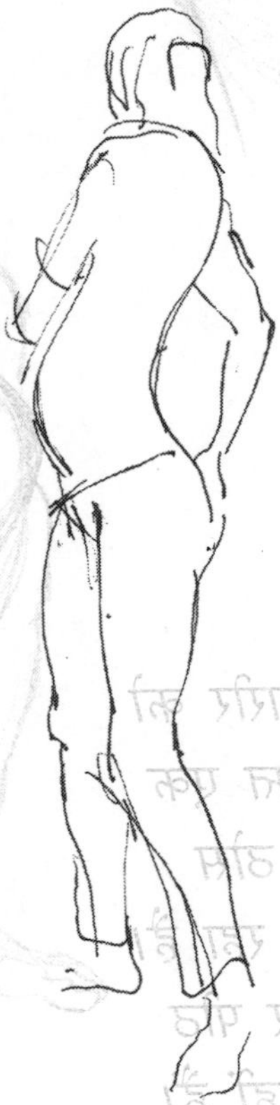

इस पृष्ठ पर जो चित्र हैं उन्हें चित्रकार ने तेज गति से जल्दी-जल्दी बनाया है, और एक ही मॉडल से बनाया है। एकदम सटीक चित्र बनाने की मत सोचिए। जैसे जैसे आपका अभ्यास होता जाएगा आप माहिर होते जाएंगे।

शरीर की गति (Motion) का चित्रण

इन चित्रों में शरीर के मुड़ने का झुकने का या हाथ ऊपर फैलाने का चित्रण किया गया है। इनका अध्ययन करें और इन चित्रों की कॉपी करें। आकार पर ध्यान अवश्य केन्द्रित करें।

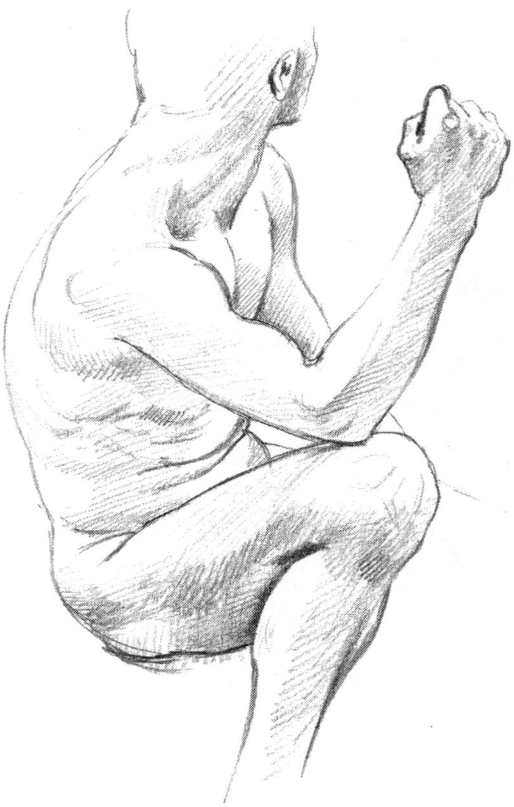

उठे हुए घुटने पर रखी कोहनी एक दिलचस्प ठोस ज्यामीतीय (Geometrical) आकृति बना रही है। शरीर के बीच पड़ी धारियों पर ध्यान दे जो इसके मुड़ने पर बन गई है।

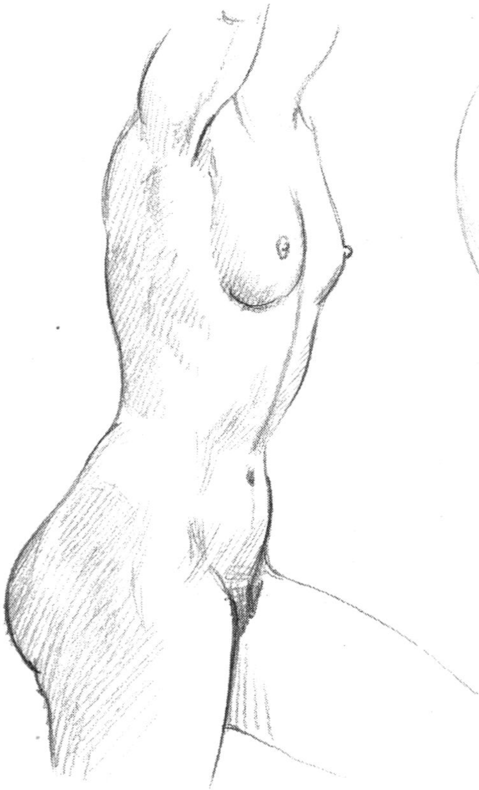

हाथ को ऊपर की ओर उठाया गया है और लचीलापन आ गया है। मांस पेशियों के लचीलेपन पर ध्यान दें। पेट का सपाट होना और ऊपर की ओर खिंचना ध्यान खींचता है।

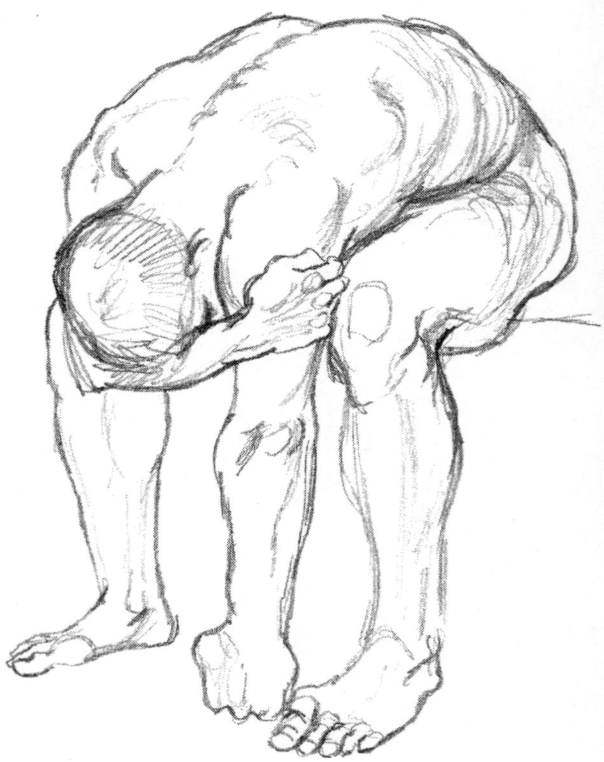

बैठकर शरीर को झुकाता व्यक्ति एक चौकोर और ठोस आकृति बना रहा है। पसलियां और पीठ स्पष्ट दिख रहीं हैं।

शरीर की गति का चित्रण

जब आप किसी गतिमान वस्तु की आकृति बनाते हैं तो आप अपने अन्दर भी एक गति या अनुभव करते हैं, हांलाकि वह गति आप खुद नहीं कर रहे होते हैं। मॉडल की स्थिति को खुद में अनुभव करना आपकी ड्राइंग को स्वाभाविकता और सुन्दरता देगा।

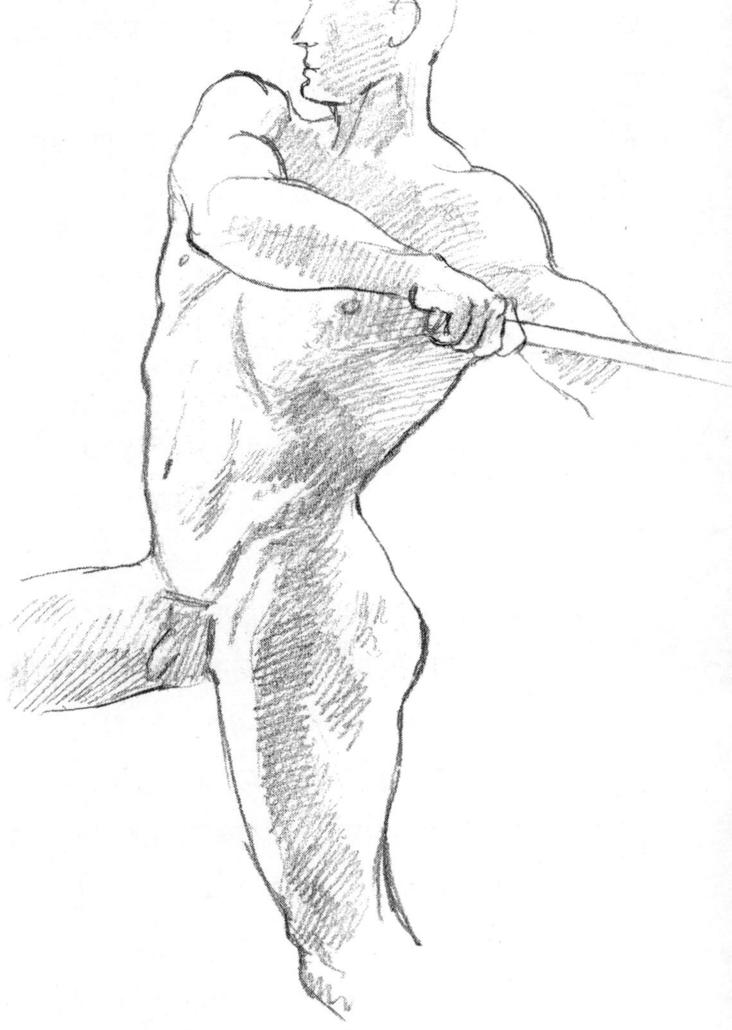

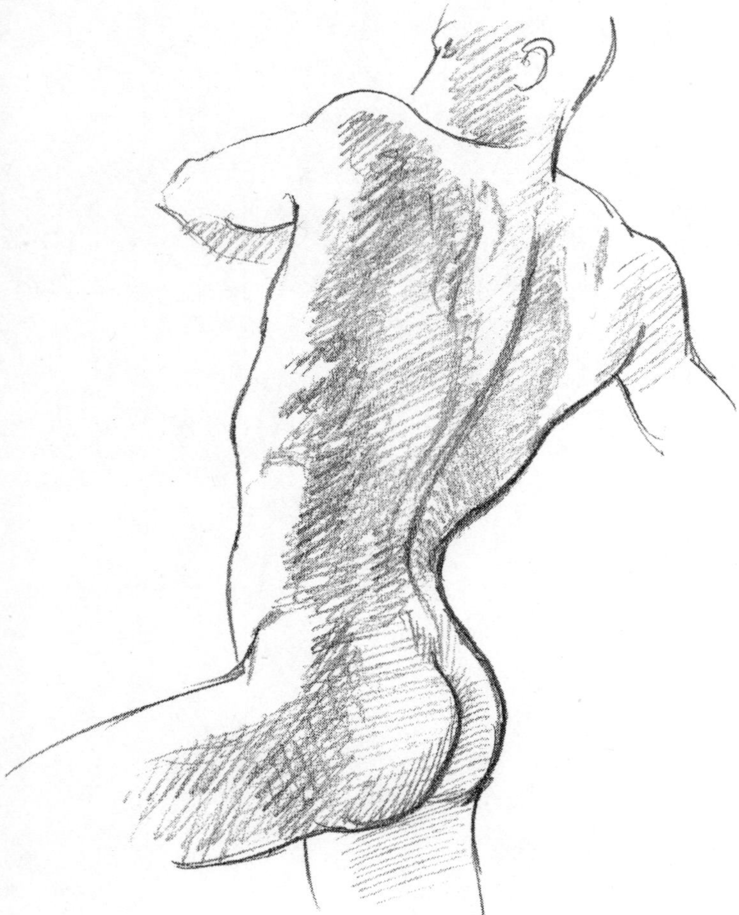

इन दो चित्रों में भिन्न कोणों से मॉडल एक ही गति कर रहा है। इसे आप आगे और पीछे से देख रहे हैं। चित्रों को अपनी कल्पना में पारदर्शिता से देखें। इससे आपका रेखांकन सरल हो जाएगा।

शैली और तकनीक

पेन्सिलः सभी माध्यमों में पेन्सिल ही सर्वाधिक बहु–उपयोगी माध्यम है जो आपके स्कैच को रफ *(Rough)* तरीके से भी बना सकती हैं और ज्यादा डिटेल में भी बना सकती है। यह शुद्धता और यथार्थ का औजार है।

यह अति सूक्ष्म पेन्सिल ड्राइंग है जिसे जर्मन आर्टिस्ट जूलियस स्कोनर वॉन कैरोल्स फैल्ड (1794-1872) *ने बनाया है। यह सर्वाधिक पूर्ण स्कैच है जो मेरी नजरों से गुजरा है और उसकी मेहनत का अद्‌भुत परिणाम है। यह चित्र उस महान कलाकार के चित्र की कॉपी है, और उसकी मौलिक चित्र रचना को नहीं छू पाई है। हर रेखा स्पष्ट दिखाई दे रही है। शेडिंग आश्चर्यजनक है। इसे बनाने के लिए अनुशासन और धैर्य की काफी आवश्यकता है। ऐसी कला कृति की कॉपी करने से आपकी योग्यता में बहुत सुधार आएगा।*

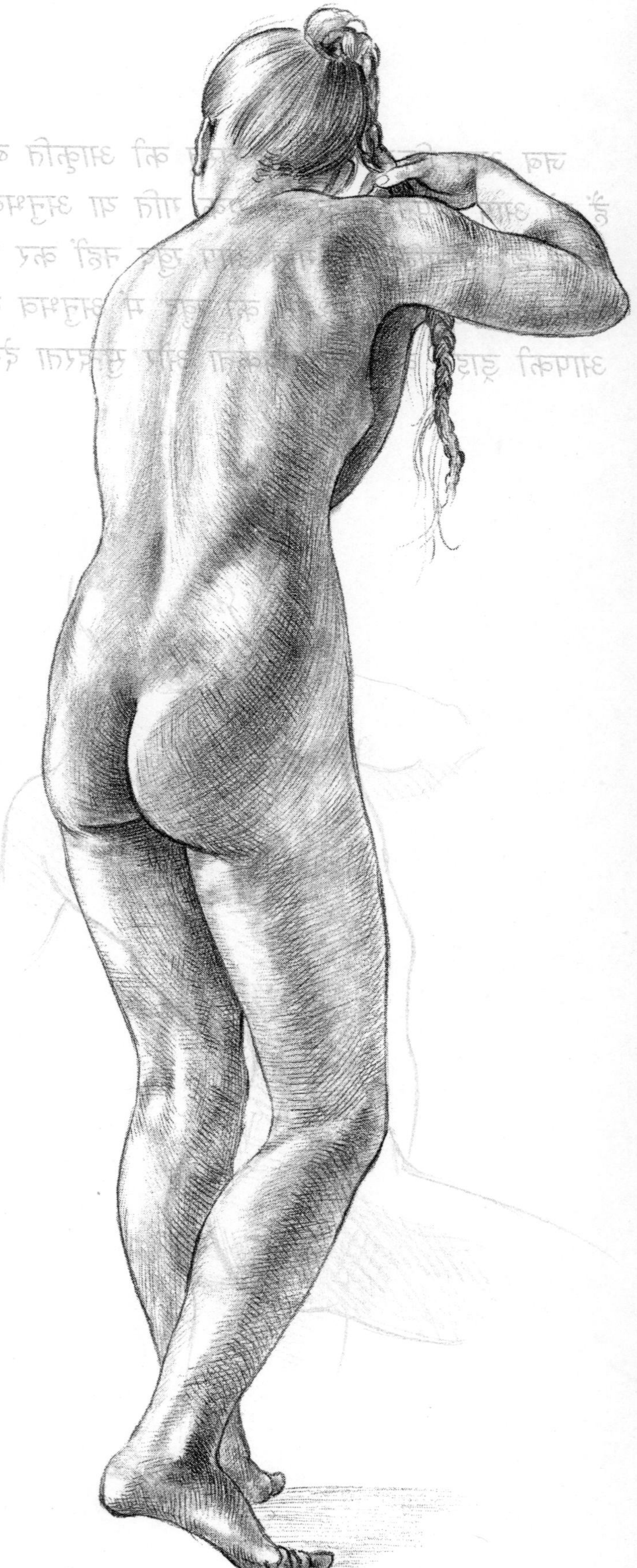

पैन और स्याही का अभ्यास

पैन और स्याही इसलिए विशेष है क्योंकि इसमें न मिटने वाली स्याही का प्रयोग किया जाता है तथा इसमें आर्टिस्ट की उत्तमता की परीक्षा भी होती है, जब तक कि वह आकृति को उकेरने के लिए पहली बार में ही संतुलित और सुघड़ रेखाओं का प्रयोग करने में सफल न हो जाए। एक बार आपको स्याही और पैन में आनन्द आया तो फिर तो यह आदत बन जाती है।

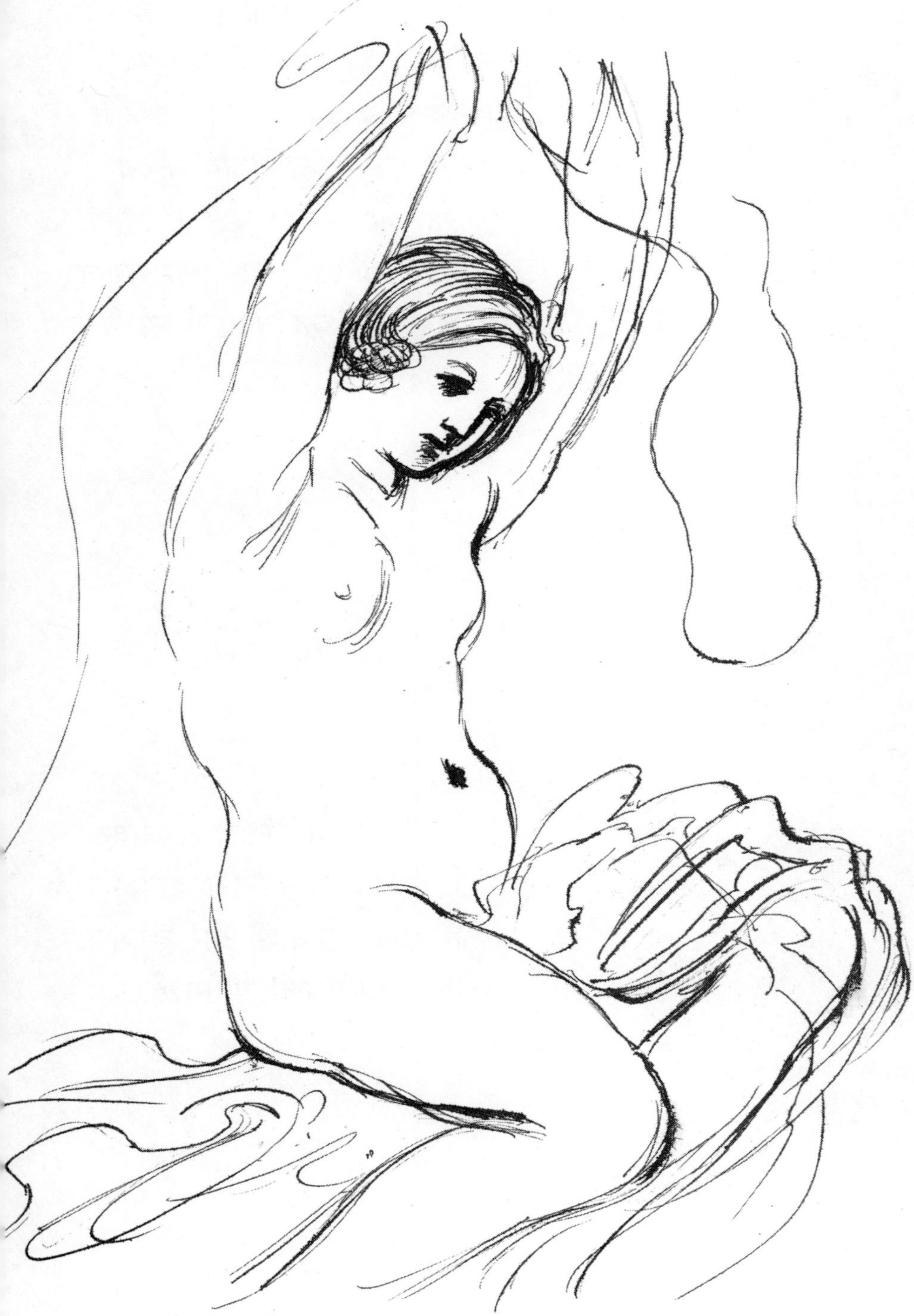

कभी कभार ही मुझे ऐसी ड्राइंग देखने को मिलती है जिसमें पैन का प्रयोग इतनी योग्यता से किया गया हो जैसा कि इस स्कैच में आर्टिस्ट गैरसीनो (1591–1666) ने किया है। इस चित्र में रेखाएं बेहद कम खर्च की गई है, और जीवित मॉडल को बड़ी तेजी से कागज पर उकेरा गया है। रेखाओं का बहाव मॉडल की माँसलता को ठोसत्व प्रदान करने में सफल रहा है।

आप भी तेजी से पैन द्वारा ड्राइंग बनाने का अभ्यास करें। और कम से कम रेखाओं का प्रयोग करें। बेहतर होगा कि किसी जीवित मॉडल का प्रयोग हो, अगर नहीं तो फोटो से करें।

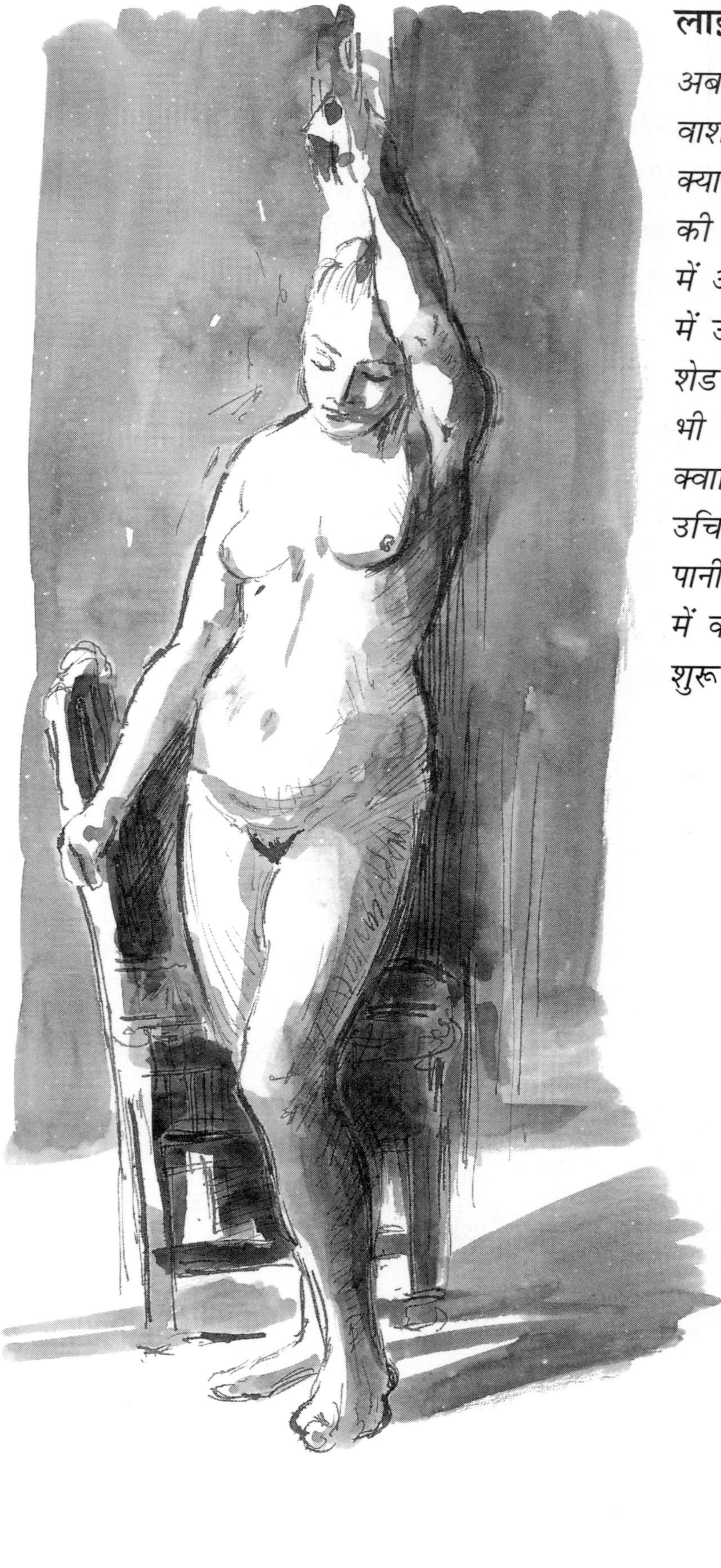

लाइन और वाश (wash)

अब हम देखेंगे कि पैन ड्राइंग में स्याही और वाश (पानी मिली स्याही) का प्रयोग करने पर क्या प्रभाव आता है। पहले पैन से मुख्य विषय की आकृति पूर्ण कर ली जाती है। फिर स्याही में आवश्यकतानुसार पानी मिलाकर उसे आकृति में उन स्थानों पर ब्रश द्वारा भरना होता है जिन्हें शेड द्वारा उभारा जाता है। इसमें बैकग्राउन्ड भी शामिल है। बेहतर प्रभाव के लिए अच्छी क्वालिटी के कार्टिज पेपर का प्रयोग करना उचित है। ध्यान रहे आप अपने ब्रश में इतना पानी न लें कि पानी मिश्रित स्याही को सूखने में काफी समय लगे और वह कागज को गलाना शुरू कर दे।

यह चित्र रेम्ब्रांट के एक चित्र की अनुकृति (कॉपी) है। इसमें प्रकाश और छाया का प्रभावशाली प्रयोग है।

चाक

फ्रांस का नव शास्त्रीय (Neo classicist) आर्टिस्ट पियरे पाल प्रूधोन (1758-1823) चाक माध्यम का सिद्धहस्त चित्रकार था। वह भिन्न भिन्न गहरे रंग के कागज पर प्रकाश और छाया के साथ खेलता हुआ चित्र में बहुत अच्छा प्रभाव दे देता था।

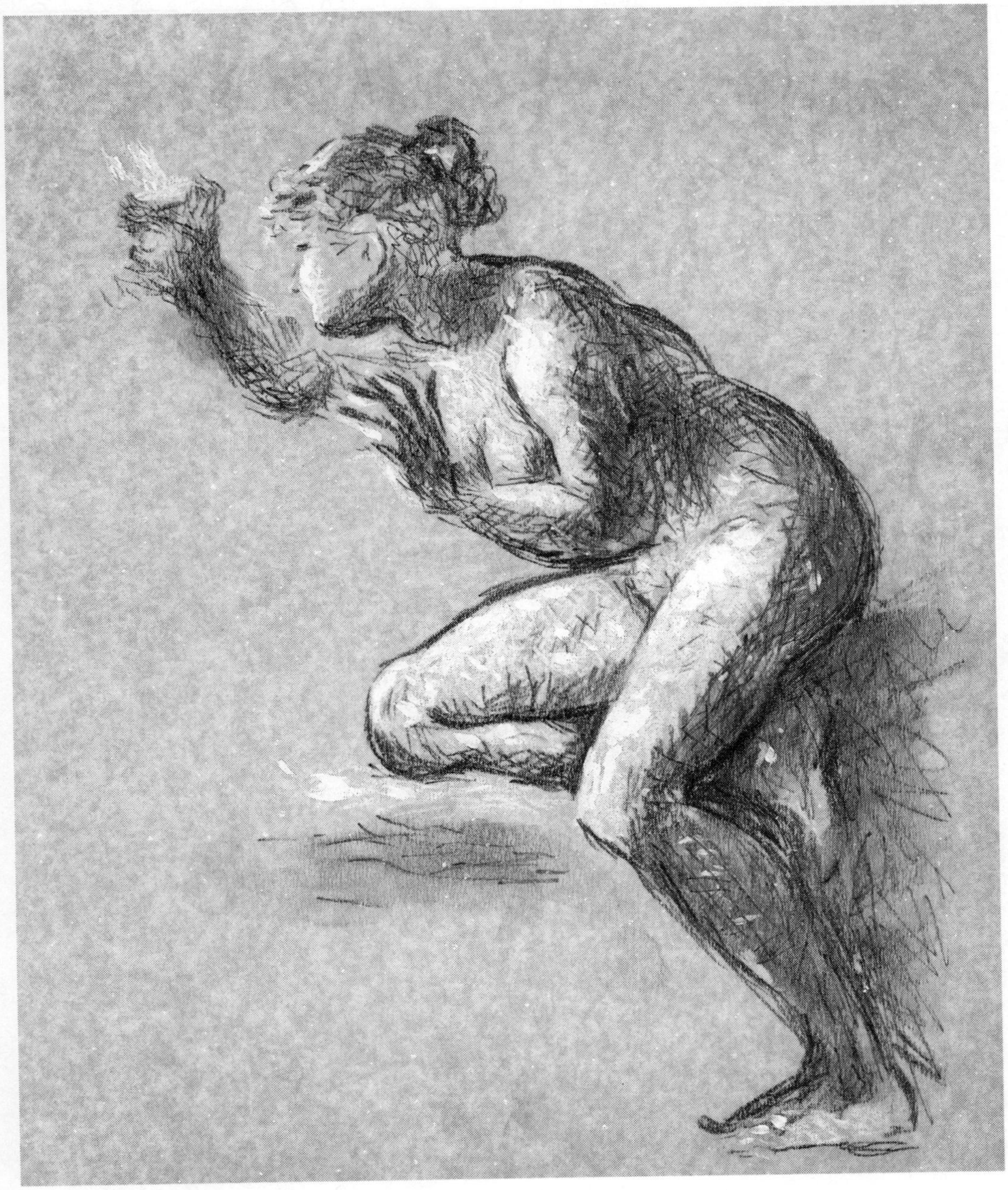

इस चित्र में चाक द्वारा प्रकाश और छाया का प्रभाव उत्पन्न किया गया है जिसमें कला की एक शैली प्रभाववाद का भी हल्का सा प्रयोग है। रेखाएं जो छोटी हैं और चारों ओर लगाई गई है। चित्रकार ने आकृति को अन्धेरे में रखा है इसके लिए उसने गहरे रंग के चाक का प्रयोग किया है, जिसके स्ट्रोक आकृति की मुख्य रेखाओं से मिल गए है।

मास्टर ड्राइंग

अधलेटा न्यूड

अब मैं आपको मानव शरीर के सर्वोतम नमूनों का रेखांकन दिखाना चाहूंगा। वे भी एक ही विषय से सम्बन्धित हैं। नवजागरण काल से नारी की नग्न देह आर्टिस्टों के प्रिय विषय थे। यहां उनके कुछ तुलनात्मक चित्र प्रस्तुत हैं।

पहला है 'स्लीपिंग वेनिस (1508) जिसे वेनिस वासी ग्रिओजिओने (1477–1510) ने बनाया था। इस चित्र में प्रेम की देवी को एक आदर्श सुप्त सौन्दर्य के रूप में उकेरा है। चित्रकार ने इसे शान्तिपूर्ण, गरिमामयी नारी के रूप में चित्रित किया है।

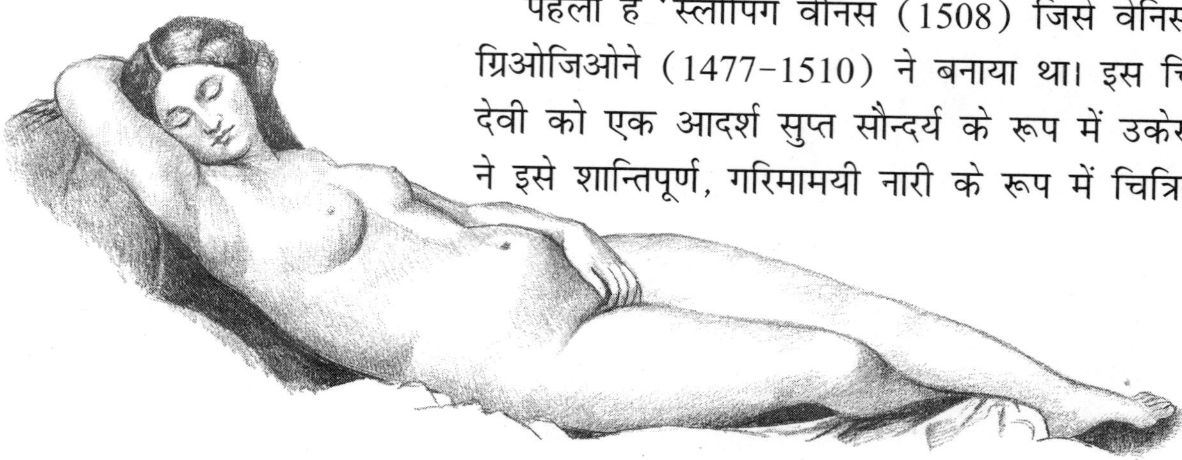

दूसरा चित्र ग्रिओजिओने के प्रसिद्ध शिष्य और सहयोगी 'टिटियन' (1488–1576) ने बनाया है। जो खुद एक वेनिसवासी आर्टिस्ट था। 'टिटियन' ने अपने गुरू के चरणों में श्रद्धांजलि के रूप में इसे बनाया था। चित्र का नाम है वीनस ऑफ यूरबीनो (1538)

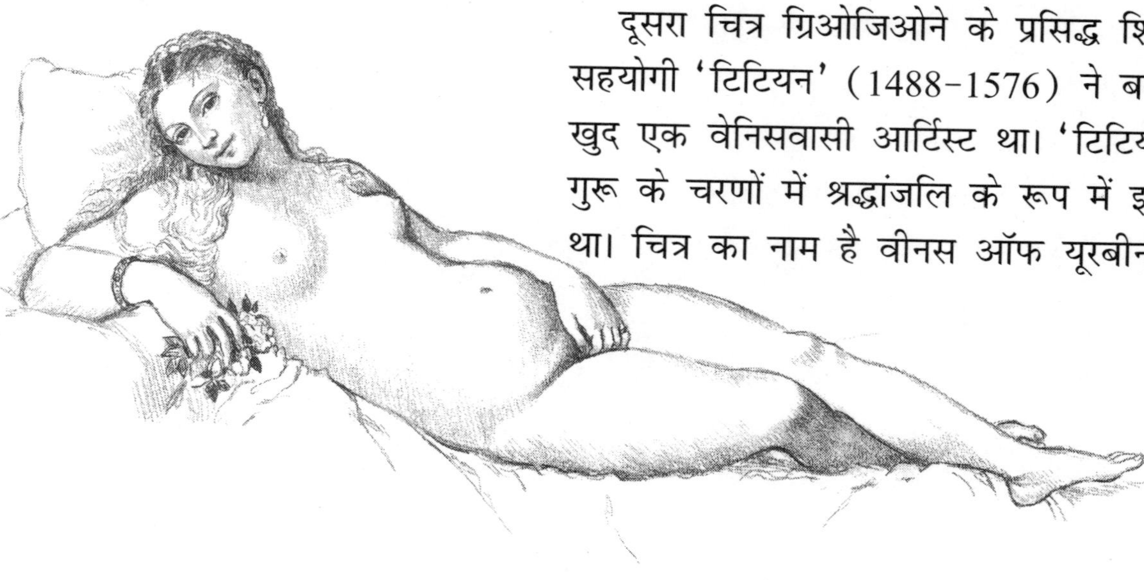

'टिटियन' ने अपने गुरू की आकृति का अनुसरण किया है। अन्तर बस इतना है कि ग्रिओजिओने ने अपने मॉडल को सोता हुआ दिखाया है। जब कि 'टिटियन' ने उसे जागृत–मुद्रा में बनाया है। साधारणत: स्त्रियां ऐसे पोज आंख झुका कर देती हैं पर 'टिटियन' मामूली चित्रकार नहीं था, उसने वीनस को कामोत्तेजक मुद्रा में बनाया है।

तीसरा चित्र 'नेकेड माजा' (1799-1800) जिसे स्पेनी चित्रकार फ्रांसिस गोया (1746-1828) ने बनाया है। इसे 18वीं शताब्दी की परंपरा में चित्रित किया गया है। 'परी' इस चित्र में चित्र से बाहर की तरफ देख रही है। और अपने सौन्दर्य की प्रशंसा की अपेक्षा कर रही है। वह अपने सोफे पर अधलेटी सी आराम की मुद्रा में चित्रित है। चित्र में कोई सजावट नहीं है। निश्चय ही यह चुनौतीपूर्ण व्यक्ति चित्र है। इसे स्पने के दरबार के बदनाम लुच्चे 'मैनुअल गोजेप' के लिए बनाया गया था।

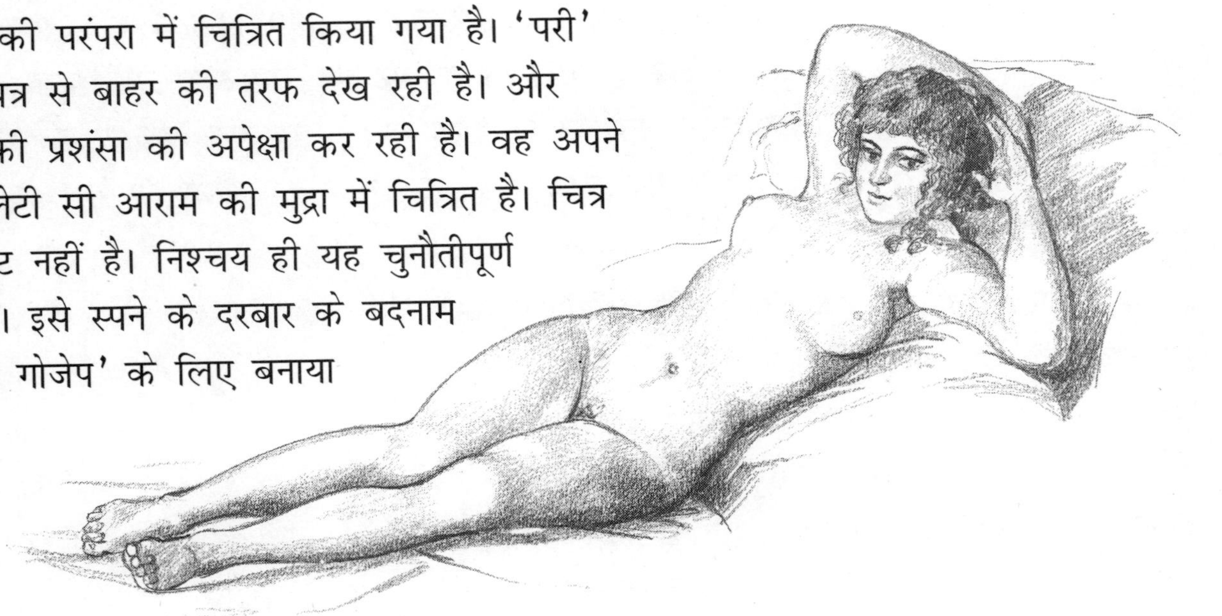

महान अधलेटी नारियों में चौथा चित्र एडुअर्ड मॉनेट (1832-83) का 'ओलम्पिया' (1863) है। यह टिटियन के 'वीनस ऑफ यूरबीनो' को एक श्रद्धांजलि है। पर मॉनेट ने मॉडल को एक चुनौतीपूर्ण स्थिति (pose) में बिठाया है। 'मैनेट' इसके लिए आलोचना का शिकार भी हुआ क्योंकि उसने लड़की की जीवन शैली को 'परी' (Nymph) के रूप में छुपाने की कोई कोशिश नहीं की। इस चित्र के द्वारा वह पेरिस के कला आलोचकों को यह चुनौती दे रहा था कि धार्मिक विषय ही नहीं, वास्तविक जीवन को भी चित्रण का विषय बनाया जा सकता है। दिलचस्प बात यह है कि ये सभी चित्र स्त्री देह का नग्न चित्रण लगते हैं, पर वास्तव में ये जीवन और कला को देखने का खरा खरा नजरिया है। यह परवाह न करें कि इन चित्रों को पहले नकल किया गया है। आप इनकी नकल करें और अपनी क़ला को निखारें।

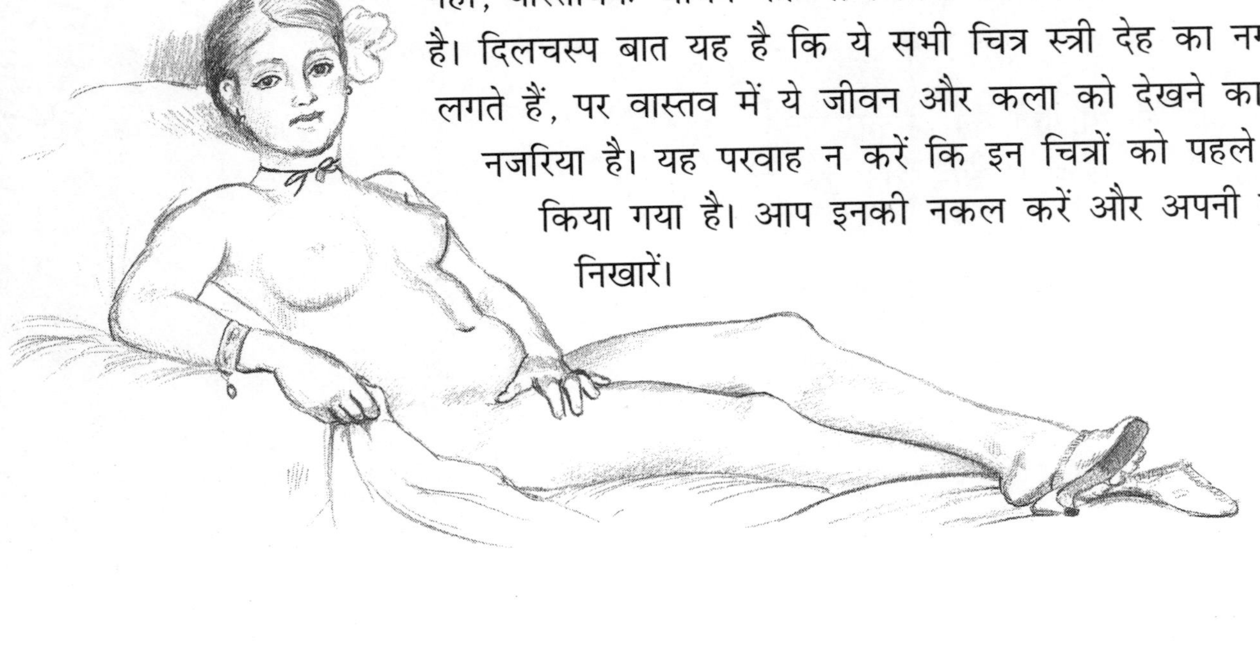

'रोकेबी वीनस' का अभ्यास

यहां आप एक और महान कलाकृति डिआगो वेलासक्यूज (1599-1660) की 'रोकेबी वीनस' देख रहे हैं यह भी अधलेटी स्त्री का चित्र है, पर यह सामने से नहीं पीछे से बनाया गया है। आप इस चित्र को बनाने का अभ्यास करें। अगर आप प्रकाश की दिशा और स्त्रोत का ध्यान रखेंगे तो शरीर पर इसके पड़ रहे प्रभाव को समझ पाएंगे।

1. प्रमुख रेखा को स्कैच करें और सुनिश्चित करें कि अनुपात सही और सटीक हो। रीढ़ की हड्डी कन्धों और नितम्बों (Hips) की रेखाएं देखें। आकृति की चौड़ाई और सिर तथा शरीर की लंबाई का तुलनात्मक अध्ययन करें। गदर्न की चौड़ाई, कलाई, घुटनों और टखनों का भी अध्यन आवश्यक है। यह सब अंग पूरे चित्र की तुलना में संकरे बनेंगे।

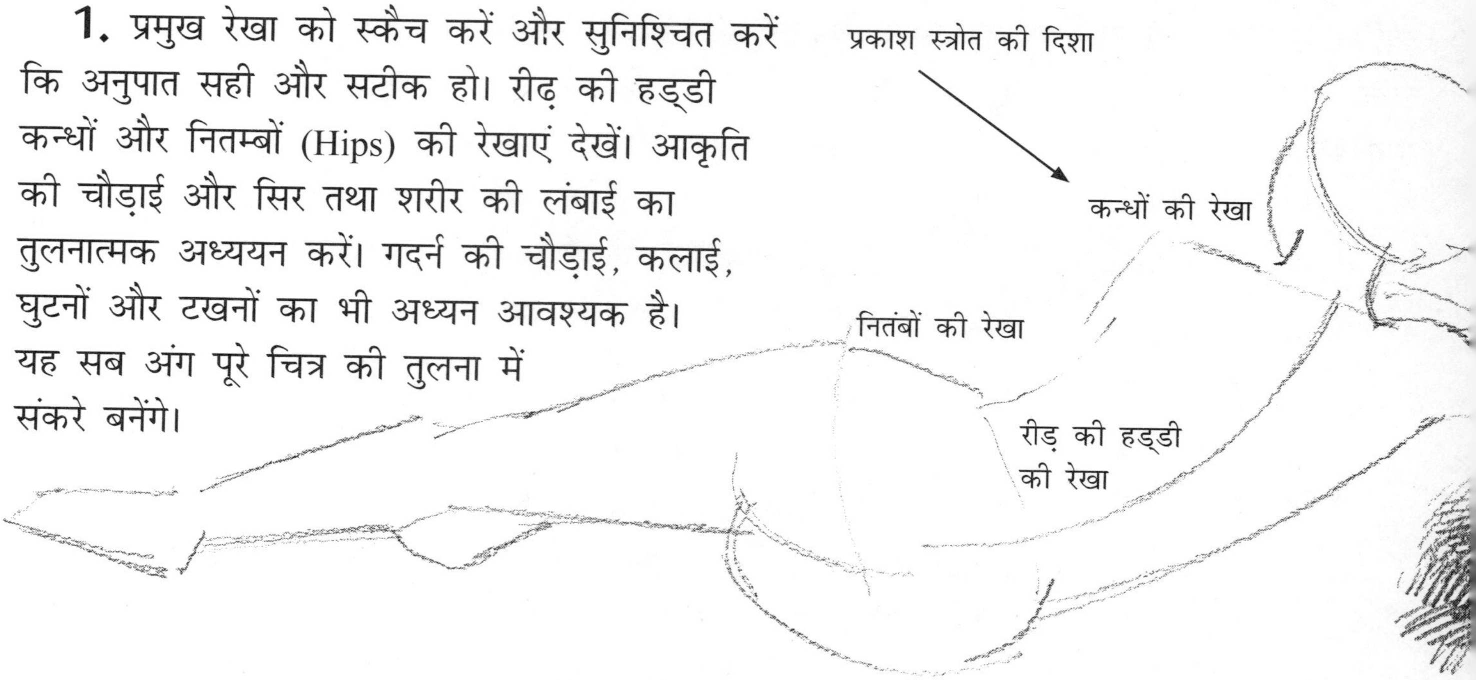

2. सिर, धड़ और दूसरे अंगों की ड्राइंग पूर्ण करें और माँसपेशियों का आकार बनाएं। अब शेड देने के स्थान पहचानें और टोन के भाग भी पहचानें।

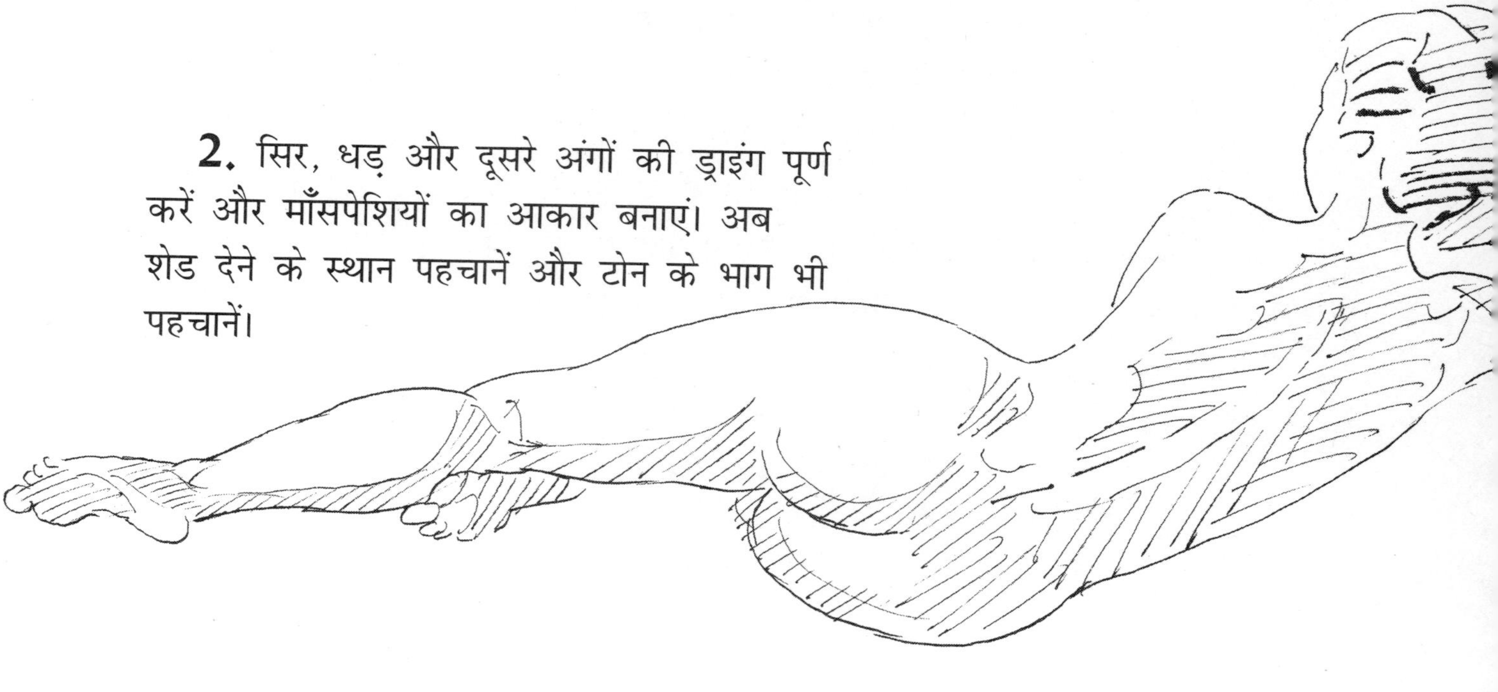

'रोकेबी वीनस' का अभ्यास

प्रत्येक वस्तु को सरल रखने का प्रयत्न करें। और यह प्रयास न करें कि आप अपनी ड्राइंग को सुन्दर बना रहे हैं या नहीं। सुन्दर रेखांकन इस बात का प्रमाण है कि आप विषय को किस दृष्टि से देख रहे हैं।

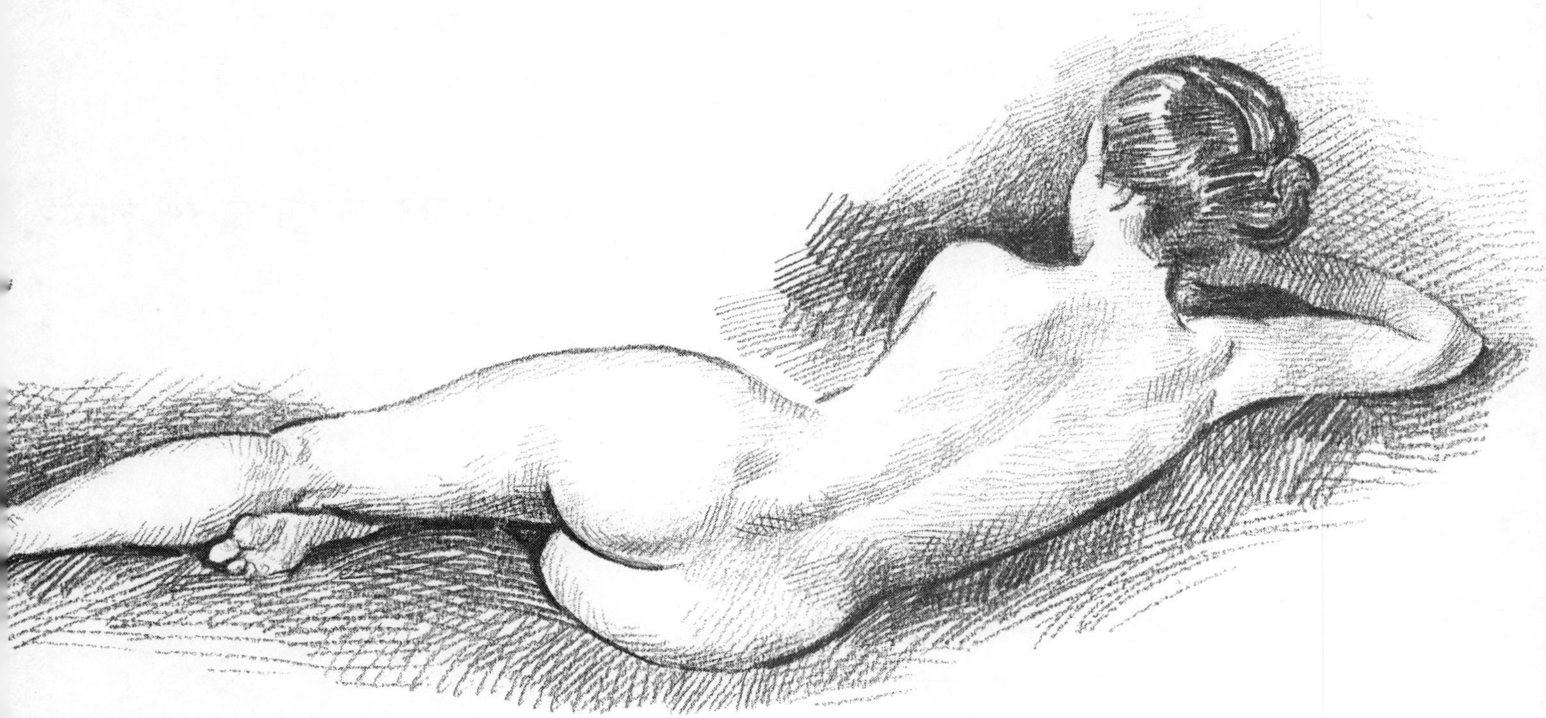

3. सावधानी से आकृति में गहरी और हल्की टोन दें, ताकि आकृति में गहराई आ जाए। कुछ भाग गहरी टोन में होंगे। जहां काफी हल्की टोन देनी है जाहिर है वे स्थान प्रकाश के स्त्रोत के एन सामने हैं। इन्हें आकृति के दूसरे भागों की तुलना में काफी उज्जवल दिखाना है।

जब आप शेड या टोन दे चुकें तो पार्श्वभूमि (Back ground) में शेड दें इससे आकृति के हल्के हिस्से उभर आएंगे। और आकृति अलग ही दिखाई देगी।

फिगर ड्राइंग क्यों सीखें आप?

साधारणतः आर्टिस्ट अन्य पेशों से अधिक धन कमाता है। एडवरटाइजिंग ऐजेन्सियां अपने आर्टिस्टों को मोटी तनख्वाह देतीं हैं, और अगर आप आर्ट डाइरेक्टर हैं तो आपका वेतन कंपनी के मैनेजर से ज्यादा हो सकता है। फ्री-लांसिग के लिए चित्रकला से ज्यादा लुभावना कोई व्यवसाय नहीं। अच्छे चित्रकार को कंपनियां सहज ही नहीं निकालतीं। क्योंकि फिर दूसरा आर्टिस्ट मिलना कठिन हो सकता है। दिल्ली की एक उर्दू पत्रिका 'शमा' को आर्टिस्ट इन्दरजीत (बाद में इमरोज) जैसा चित्रकार कोई दूसरा कभी न मिल सका।

फिल्म निर्माता राजकपूर ने तो अपने आर्ट डाइरेक्टर एम. आर. अचरेकर को पूरा स्टुडियो लाखों की लागत लगाकर खुलवा दिया था।

भारत के अन्तर्राष्ट्रीय ख्याति प्राप्त चित्रकार एम. एफ. हुसैन तीन दिन के काम के तीन करोड़ लेते थे। प्रसिद्ध उद्योगपति अंबानी ने अपने पुत्र की शादी के कार्ड के लिए हुसैन को 50,000 रू. प्रति कार्ड आज से 30 वर्ष पहले दिए थे।

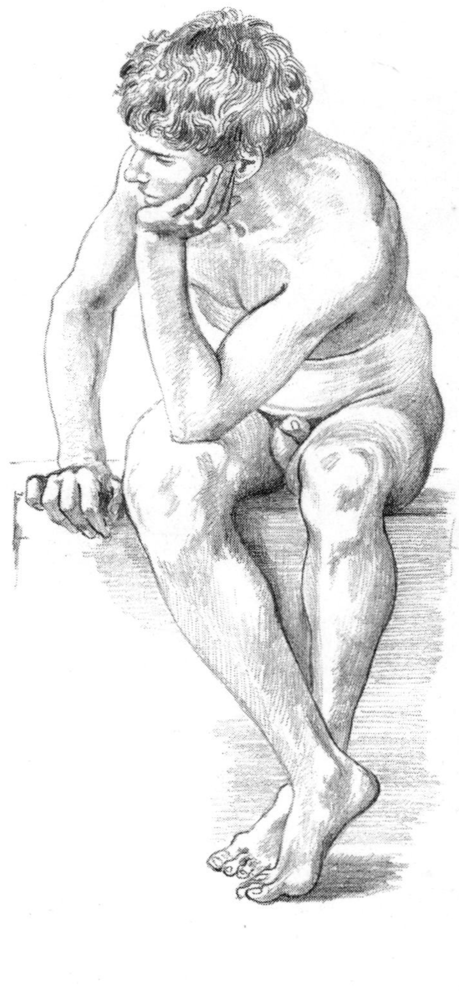

विश्व प्रसिद्ध पेन्टिग 'मोनालीसा' के चित्रकार लियोनार्डो-डा-विंशी को फ्रांस के सम्राट ने रहने को एक भव्य महल दे दिया था। यहां तक कि लिओनार्डो की मृत्यु सम्राट की बाहों में ही हुई थी। 'कृष्ण' के बाद उसे मानव इतिहास का सर्वाधिक पूर्ण पुरुष कहा जाता है। वह चित्रकार, मूर्तिकार संगीतकार, सैनिक इंजीनियर, वनस्पति शास्त्री, जीवशास्त्री और न जाने क्या क्या था। पर प्रमुख रूप से वह चित्रकार ही था।

आशा है यह पुस्तक कला के विद्यार्थियों को काफी कुछ सिखाएगी और उनकी कला में निखार लाएगी।

–सुरेन्द्र 'सुमन'